民办高等教育研究

（第四辑）

黄新民　主　编

图书在版编目(CIP)数据

民办高等教育研究. 第四辑/黄新民主编. —天津:
天津大学出版社, 2020.8
陕西国际商贸学院学术著作出版基金资助出版
ISBN 978-7-5618-6763-1

Ⅰ.①民… Ⅱ.①黄… Ⅲ.①民办高校-研究-中国
Ⅳ.①G648.7

中国版本图书馆CIP数据核字(2020)第169687号

出版发行 天津大学出版社
地　　址 天津市卫津路92号天津大学内(邮编:300072)
电　　话 发行部022-27403647
网　　址 www.tjupress.com.cn
印　　刷 北京盛通印刷股份有限公司
经　　销 全国各地新华书店
开　　本 170mm×240mm
印　　张 11
字　　数 238千
版　　次 2020年8月第1版
印　　次 2020年8月第1次
定　　价 33.00元

前　言

本世纪以来，我国进入经济高速发展、产业转型升级期，需要大批技术技能型人才作支撑。现有的人才培养体系和教育模式已不能适应经济社会发展的需要。进入新时代，党和政府高度重视技术技能型人才培养，大力发展职业技术教育，并作出了一系列部署。党的十八届三中全会提出"加快现代职业教育体系建设，深化产教融合、校企合作，培养高素质劳动者和技能型人才"。2014 年国务院发布了《关于加快发展现代职业教育的决定》。习近平总书记在十九大报告中提出"完善职业教育和培训体系，深化产教融合、校企合作"。党的十九大之后，国务院办公厅、教育等六部委分别发布了《关于深化产教融合的若干意见》《职业学校校企合作促进办法》，提出了"深化协同育人重点领域改革，推进校企深度融合"。2019 年以来，国家连接发布《国家职业教育改革实施方案》和《中国教育现代化 2035》，提出"推动职业教育与产业发展有机衔接、深度融合"。2019 年 4 月，李克强总理主持召开国务院常务会议，决定实施产教融合、试点企业兴办职业教育符合条件的投资，落实按投资额 30% 抵免当年应缴教育费附加和地方教育附加的政策，落实了兴办职业教育、实施产教融合的优惠政策。从上述梳理可以看出，发展职业教育、实施产教融合校企合作、培养技术技能型创新型人才成为国家战略，是适应和促进我国经济社会发展的重大战略部署。

为了响应国家号召，落实产教融合、校企合作战略部署，陕西国际商贸学院民办高等教育研究所倡议开展产教融合、校企合作专题研究，并与"陕西国际商贸学院论坛"编辑部共同组织在全校征稿，拟定了研究题目，专题研究产教融合、校企合作的理论基础，开展产教融合、校企合作的经验总结和实践探索。这一倡议得到校董事会、校领导的支持和指导，广大教职工积极响应，并从多个角度撰写研究文章，共提交各类研究文章 50 余篇。

之所以集中力量开展产教融合、校企合作专题研究，主要基于以下考虑。一是责任与使命。高等教育的根本职责是为国家经济社会发展服务，其任务是培养经济社会发展需要的各类人才，产出高质量的科学技术成果，为经济社会发展提供支撑。我校作为一所区域民办本科高校，理所当然要积极响应党和政府号召。总体来说，我国产教融合校企合作还在探索阶段，尤其是本科阶段的校企合作，还没有现成经验可循，仍有许多理论与实践问题需要深入研究。本期专题，就是希望从理论与实践方面回答产教融合校企合作遇到的实际问题，把中央的战略部署落到实处。二是学校特色使然。我校是由步长制药公司兴办的本科高校,具有产教融合、校企合作的天然优势,有责任、有优势研究产教融合校企合作。学校过去在产教融合校企合作方面作了大量工作,在培养应用型人才方面发挥了较好的作用,但同时也有许多问题和困惑。我们有动力、有基础、有条件深入研究这一问题,为本校开展产教融合校企合作进行理论思考和实践探索,凸显我校办学特色。三是学校发展需要。陕西国际商贸学院的主要任务是为区域培养各类高级应用型人才,为区域发展提供人力资源和科学技术支撑。国内外大量实践证明,只有在与产业企业深入合作的过程中才能培养出真正符合企业需要的人才,实现办学目标。但学校和企业如何合作,在合作中如何实现互利共赢、调动校企双方的积极性、形成深度合作的保障机制等问题,也需要进一步深入研究。这些问题研究透彻了,学校的产教融合校企合作、应用型人才培养就有了参考依据,必将在学校可持续发展中发挥作用。

本辑收入了26篇文章,其主要内容,一是产教融合校企合作的理论分析,包括国际校企合作比较研究、产教文化融合等,分析了产教融合校企合作的理论基础和实践价值;二是研究校企合作与应用型人才培养模式改革,创新创业实践教育以及具体专业的人才培养模式研究等;三是研究产教融合与教育教学改革,从应用型本科高校实践教学运行机制、人才培养体系、人才培养路径等方面,分析实施产教融合促进教育教学改革的必然性及其主要内容、方法;四是研究产教融合校企合作与学校教育教学管理改革、双师型教师培养等课题,分析校企合作与大学生就业、提升科研能力、开展信息化建设等方面的规律,把双师型教师队伍建设作为办学重点。我们认真收集校企合作企业方的意见,从企业角度分析了校企合作对企业发展的积极意义和良好效果。这是互利双赢的范例,具有较强的说服力。

本辑研究内容丰富,理论性、实践应用性较强,开了一个好头。但研究不是到此为止,我们今后还要继续学习国内外产教融合校企合作的经验,加强校企合作的理论研究与实践探索,把我校企业办学特色的研究继续深入下去,以更好地指导教育实践服务。我们相信,只有继续走产教融合校企合作办学之路,才能更好地适应经济社会发展需要,也才能更好地发挥企业办学优势和特色,提高人才培养质量,为区域经济社会发展作出更多的贡献。

编委会

2019年6月

目　录

第一部分　校企合作理论研究

第二部分　校企合作与人才培养模式研究

第三部分　校企合作与教育教学改革研究

第四部分　校企合作与学校管理及师资队伍建设研究

第一部分 校企合作理论研究

德国高校的产学研合作模式对我国高校的借鉴和启示

李晓洁
（陕西国际商贸学院 管理学院 陕西西安 712046）

摘要:随着经济、信息、技术全球化一体化进程的发展以及我国教育体制改革的深化,在培养技能型、应用型、创新型人才的育人模式上学习、借鉴国外发达国家高校的产学研结合协同育人模式,对我国高校具有重要的实践价值和意义。本文通过对德国的产学研模式进行梳理、归纳,并通过比较,分析出我国的产学研合作模式存在的问题,通过借鉴德国的产学研合作模式提出相应的对策和建议。

关键词:产学研合作;比较;启示

作者简介:李晓洁,女,山东人,硕士研究生,讲师,研究方向:高等教育,产业经济。

产学研合作是促进科技、教育与经济紧密结合的重要手段,是现代高等教育发展的必由之路。我国自 1992 年 4 月开始实施“产学研联合开发工程”以来,许多大学、科研机构都在不同程度上开展了产学研合作教育的理论研究和实践,取得了一定成绩,特别是在信息技术、生物工程、新材料等领域,形成了一大批具有自主知识产权的研究成果。但与国外发达国家相比,我国的产学研合作,无论是在层次还是规模上都还有很大差距,存在着不少问题。

一、德国产学研合作的主要模式

德国高校产学研合作模式的典范是起源于职业技术教育的“双元制教育”模式。所谓的“双元制"职业教育就是一种企业与学校(通常是职业院校)合作进行职业教育的模式。受培训者以学徒身份在企业内接受职业技能培训,以更好地掌握“怎样做"的问题。同时,又在职业学校里以学生的身份接受与职业有关的专业理论和普通文化知识教育,以了解实现实际技能操作中“为什么这样做”的问题。这是一种将企业与学校、理论知识与实践技能结合起来,以培养既具有较强操作技能,又具有所需专业理论知识和一些普通文化知识的技术工人为目标的职业教育培训制度。据统计，德国全部从业人员中，80%接受过系统的职业教育。因此，德国人自豪地将“双元制”称为“德国经济腾飞的秘密武器”。

该模式的基本构架与运行方式为：由企业初步提出产学研合作计划，内容涉及合作方式、目的、项目、期限、资金的投入与保障、各方的责权利等，并与相关高校进行磋商，最终形成各方都能接受的执行计划。

（1）重视职业技术人才的培养与教育。重视职业技术教育是德国学制的特色，德国的职业教育形式多样，结构完善，教学过程实行工学交替、工学结合，学生既是学生又是企业学徒，既有理论教师又有实训教师，既有理论教材又有实践教材，培养人才效率高。

（2）合作以市场为中心。企业根据市场需求向自己选择的合作高校提出合作项目，由学校进行研究开发，并随同企业人员一道完成整个项目的试制，最后双方共同将产品推向市场。整个合作资金由企业全部提供，学校在企业的协管下全权使用[1]。

（3）独特的“顾问合作制”。德国的许多企业与高校都有产学研方面的“顾问合作制”。许多学校要求教师要尽可能担任各行各业的顾问，特别是工科教师，要求必须担任工厂顾问，不论企业的大小。企业一般也都把其顾问权授予高等工业大学的教授，特别尊重教授的建议，并随时将企业的信息向顾问们传输与开放。而且产学研合作关系一旦建立，将是长期的、稳固的和紧密的。

（4）在教育经费方面，企业与学校共同承担教育、科研、基建等方面建设所需经费。德国“双元制”职业教育的经费来源有两个渠道：企业及跨企业职业培训的费用大部分由企业承担；职业学校的费用则由国家及各级政府承担。学院成立理事会（董事会），主要监督学校的经费使用情况。职业学校是免费的，学生上学不用交学费。政府也以拨款的方式支持“双元制"职业教育中负责企业培训的主管部门——行业协会。例如，政府对行业协会委任的培训顾问给予一定的补贴。行业协会建立企业培训场所也可以从政府那里得到补贴，政府不仅为这些培训机构的设立提供补助，而且还为其设备配置、材料消耗、培训课程的实施提供补助。此外，政府还通过法律赋予行业协会公法地位，政府也通过各种补贴的形式来支持行业协会履行职业培训的任务。

二、我国高校产学研合作的主要模式

按照对我国十几年来在应用型人才培养方面进行的校企合作模式的归纳总结，我国企业主要是以3种模式参与职业教育的：一是“订单教育”的人才培养模式，即“学校与企业签订人才培养协议，共同制订人才培养计划，共同组织教学，学生毕业后直接到企业就业的人才培养模式”；二是“2+1”模式，即学生前两年在校内学习与生产实习，后一年到企业顶岗实习和毕业设计的模式；三是“工学交替"

模式，即学校与企业共同制定人才培养方案，学生在企业实践与在学校学习相互交替，学用结合的教育模式[2]。

三、我国产学研合作存在的问题

（一）产学研合作政策力度不够

政府对产学研合作有一定的政策指导作用，但其指导的支持力度不够大，没有把产学研合作的目的和任务传达给参与产学研合作的各方。虽然政府在出台的多个文件中鼓励支持产学研合作的开展，但是到目前为止关于推进产学研合作的专门性的法律法规尚未出台，也没有出台关于税收方面的优惠鼓励政策，更没有出台关于规定企业参与产学研合作时的基本权利和基本义务，学生在企业进行实习与学习时的人身安全缺乏保障性政策。

（二）产学研合作经费不足

从我国目前的情况来看，无论是政府、企业还是高校，对合作经费投入不足。经费投入不足使高校学生通过顶岗实习在企业实践这一活动得不到有效的保障，教师的科研成果难以有效转化；企业如果没有经费或者是基金的支持，科技开发无法得到有效的实施。经费不足的原因除了缺少资金支持外，投资渠道单一、缺乏是另一方面原因。

（三）企业参与合作的热情不高

从企业参与产学研合作的现状来看，虽然有不少企业与高校开展了产学研合作，但是从整体上来看其积极性不高。企业参与产学研合作积极性不高的原因，主要有“合作未取得预期效果”和“担心学生的安全问题”。

（四）高校智慧外溢的意识不强

高校产学研合作的产生一方面是由于外界向高校“借智”，即智慧外溢；另一方面则是高校向外界“借财”，即外界资源的支持。高校把办学的着力点放在争取硕士点、博士点、重点学科和国家级、省级重点课题上，更加注重科研成果的学术价值，忽视了科研成果的实践价值和社会价值。教师追求的更多是学术水平，课题研究主要集中在熟悉的领域，注重的是发表论文的数量以及职称的晋升，缺乏将科研成果转化为现实生产力的市场观念[3]。

四、借鉴与启示

德国产学研合作教育模式虽与我国不同，但人才培养目标是与我国一致的。我国应积极借鉴学习国外产学研合作教育经验，不断推动我国产学研合作教育模式的发展。

（一）政府必须给予全方位的支持和组织管理

政府要从政策上将产学研合作的各方联系起来；应充分调动参加产学研合作的力量，推动成熟科技成果的转化；另外政府还应该在资金方面给予支持和引导，在承担部分研究风险和成本的同时，引导企业与高校积极开展产学研合作，如设立各层次的政府基金，同时，要求必须由大学与企业以解决实际问题为目的共同申请基金资助，在实施过程中必须跟踪、评价合作研究项目的进展和实施效果，及时发现问题并进行调整，确保合作产生实质性效果；最后，政府还应该制定政策，在财政、金融、税收等方面给予积极参与产学研合作的企业优惠，从而调动企业的积极性[4]。

(二)转变观念，提高认识

一方面，高校要克服封闭办学的旧模式，加强与企业的联系；改变单一人才培养模式，通过合作教育培养具有实践经验和技能的应用人才；同时，改革现行的教师职称评定办法，改变一概以科研成果数量为主要评价指标的办法，引入科研成果的转化率及其实施效果等指标，将教师关注的重点转移到科研成果推广和实际价值上来。企业要走依靠科技进步、加强科学管理、提高劳动力素质、提高新产品技术含量的路子，主动与高校加强产学研合作。

(三)完善政策法规保障体系

由于立法尚不够完善，尤其是对知识产权保护方面的立法严重滞后，致使许多侵权、侵利案件迟迟得不到解决，同时，合作过程中及产生研究成果后往往涉及知识产权权属及其保护问题，如果没有法律的规定加以约束很容易导致纠纷不断，不仅影响产学研合作的进一步开展，也挫伤了各方合作的积极性[5]。因此，要为科技成果转化创造良好的政策法律环境。

(四)以人才培养为中心

产学研合作模式都以人才的培养为中心。产学研合作是一种教育模式，是高校、科研院所和企业之间的多方合作，学生在合作中接受的教育和训练是全方位的，对提高学生整体素质具有重要意义。因此，在产学研合作过程中必须突出“以人为本”的教育思想，必须有学生的充分参与，从而为学生的全面发展提供更多的空间和保障条件。

参考文献

[1] 吴淑娟，薛振伟. 高校产学研合作状况的调查与分析[J]. 高等教育，2015(2):80－82.

[2] 李红. “产教融合、校企合作”下的创新应用型人才培养研究[J]. 陕西国际商贸学院论坛，2017(2):23－27.

[3] 张忠家，黄义武. 产学研合作提升人才培养质量研究[M]. 北京:科学教育出版社，2014.

[4] 何峻松. 我国职业教育集团化办学模式研究[J]. 陕西国际商贸学院论坛，2016(3):12－15.

[5] 王新凤. 我国高校产学研合作教育的政策期待[J]. 中国高教研究，2011(3):55－57.

文化融合视域下的校企合作育人机制探析

康卫忠
（陕西国际商贸学院　科技处）

摘要:培养高质量的应用型人才是应用型高校的根本任务。校企合作为提高应用型人才培养质量提供了强有力的外在保证和重要的发展思路。大学文化与企业文化的融合是校企合作的内在本质。应拓宽校企文化融合的途径,进而实现校企双方的实质合作和深度合作。

关键词:校企合作;应用型人才;文化融合

作者简介:康卫忠,男,甘肃渭源人,教育学硕士,讲师;研究方向:高等教育、德育原理等。

培养高质量的应用型人才是当前应用型高校的根本任务和终极目标。如何提升应用型人才培养的质量,是众多应用型高校普遍面临的问题和难题。校企对接、产教融合的协同育人模式为提高应用型人才培养质量提供了重要思路和有效路径。实现校企文化的融合,才能提升校企合作的深度和广度,才能更好地培养应用型人才。

一、校园文化、企业文化及其功能

文化是人类社会特有的现象。文化的英文“culture”来自拉丁语，最初是“cultivate”（耕作）的意思 。除此之外，还有另外一层含义，就是“培育”。而后延伸到价值、精神、思想、教育等诸多方面。它的产生有现实的土壤，具体的土地、行业、人群、行为等，都是构成我们生活所必不可少的物质基础，但是后来，它却发展或者抽象出一种精神意涵——也就是耕耘和培育一种价值，或者培育一种思想乃至文明。

“大学文化是一种群体文化,它以育人为其主要价值导向,以校园精神、校园文明为主要特征。它的主体是学生,主要存在空间在大学校园,主要内容涵盖于校园建设中形成的精神文化、物质文化、环境文化、制度文化、行为文化等的总和之中。”[1]对于学生而言,大学校园是他们进入社会之前最后的一站,也是他们人格形成的重要过程。校园文化直接影响着学生的知识学习、人格素养以及未来参加社会工作的能力等。

企业文化是企业为解决生存和发展问题而形成的,被认为是组织成员共享并共同遵循的基本信念和准则。企业文化集中体现了一个企业经营管理的核心主张以及由此产生的组织行为。企业文化较为推崇企业员工共同遵守规则及团结协作、拼博精神等文化因素。企业是以营利为目的的组织,同时,企业也是一个重要的市场经济发展主体,在推动市场经济的发展中发挥着十分重要的作用。在企业组织中,员工是最基本的构成要素。企业文化存在的意义,是企业文化发展过程中的一个重要支撑。企业文化对于员工和整体企业的发展有着十分重要的影响。

二、校企合作及其内涵

校企合作,推动产教融合、产学研结合,是培养应用技术型人才的必由之路和有效路径。高校与企业究竟能否合作?合作什么?怎样去合作?这是当前众多应用型高校教育管理者面临的现实困惑。校企合作实际上是一种理论与实践的结合、知识与技能的结合及其转换过程。

一般认为,校企合作是在政府宏观引导、鼓励、调控下,应用型本科高校与所在地方企业共同举办应用型教育的一种办学模式,包括所有形式和类型的合作,如产学研合作、产教融合、工学结合等在内的一系列合作形式。

校企合作是应用型高校纵深发展的必然要求。应用型本科人才培养在定位上突出的是面向区域、行业或某类职业群。因此,为了实现这个定位,在校企合作时,就必须要选择具有行业代表性的企业。应用型本科高校要充分利用代表性企业在行业中的引领和标杆作用,为学生营造出一系列可适应多重工作场景的实践环境,将学校的教育环境、资源与企业的工作氛围、要求相结合,把课堂教学和实践训练有机统一。

“校企合作发展到产教融合是大势所趋。但从整体来看,我国应用型本科高校在由校企合作向校企融合发展的过程中遇到的问题与矛盾非常突出。”[2]学校和企业是两个不同的主体,追求的利益不相同,分管部门、管理的思路也不尽相同。学校的目标是培养人才,企业的目标是寻求经济效益和创造利润,双方的目标不一致是校企合作的主要障碍。校企合作总体上还是处于民间状态,主要是双方的自发行为,政策保障措施不力的情况没能从本质上得以改善。

三、校企合作的本质是校企文化的融合

从一定意义上讲,应用型高校和企业的关系是“产学研”的关系,企业的繁荣和高校的发展一脉相承。“这要求地方应用型高校的师生需时刻保持着与企业的沟通与交流,时刻关注着与自己专业有关的企业的发展状况、发展前景、文化信息等等。因而,地方应用型高校校园文化常受到企业文化的影响,在双方联动下促进了学校与企业共同发展。”[3]

校企合作的本质是校企文化的融合,是大学文化与企业文化的渗透和融合。应用型人才的培养过程就是在校企文化对立与融合中促进学生全面发展,提高育

人水平。校企合作、产教融合本来就是两种文化的冲突与融合。企业和社会对于人才的需求也在向着更加多元化的方向发展。因此,通过多种途径实现校企文化的更好融合是学校和企业的共同期许。

教育部原部长袁贵仁曾表示:“不论是教书育人、管理育人还是服务育人、环境育人,换句话说都是文化育人。”[4]企业文化作为经营文化,突出表现在对于经济利益的追逐;而校园文化作为教化文化,追求的是人才的培养。因文化的惯性,校园文化对外界强加的文化冲击有强烈的抵抗性,但是两种看似相抵触的文化又因文化的融合性,为整合校企双方文化奠定了良好的基础,同时增加了校企文化融合的可能性。

文化因其强大的惯性,往往不容易被转变。所以当两种文化发生冲突时,双方表现出强烈的对抗,相互排斥;但同时文化又是流动的,随着社会的发展而发展,也会有非明显排斥的,从而接纳外来文化。学校文化是一种学术文化,注重民主平等自由,强调通过过程培育人;企业文化是一种实践文化,注重控制权威与纪律,强调通过结果激励人。在校企合作育人过程中,由于双方文化具有不同的价值追求,所以会造成双方互相排斥,导致合作不能更加深入地进行,此时就需要宏观的中介组织机构对双方进行良好的引导。“因应用型本科高校的校企合作育人目前尚处于探索阶段,关于双方文化融合的建设也只是根据经验进行,政府往往只注重对教学质量的把控和双方财政的支持,对双方的文化融合建设缺少政策上的支持,导致校企文化融合有力推动力量的缺失。”[5]

互利互赢、共同成长是大学与企业合作的基本准则和根本目标。校园文化与企业文化的良好融通,对培养学生具有极其重要的意义,对于学生而言,能够使学生在学习的过程中实现角色的转变,从而更好更快地融入企业和社会。校园文化与企业文化的融合,是基于适应当前社会对教育和企业发展要求而提出的。人才是企业发展的重要支柱,企业希望引进的人才能尽快融入企业文化,进而为企业作出更大的贡献。学校作为人才的产出地,当然更希望学生未来有更好的发展,未来就业更加广阔和顺畅。因此只有实现校企文化的融合,才能实现校企合作的深度和广度。具体来讲,校园文化与企业文化的融合价值主要表现在以下几个方面。

(一)校企文化融合有利于更好地培养专业人才

在当前的教育教学中,学校对于学生培养的目标是帮助他们更好地实现自己的学习价值,从而走向社会,在社会中立足。而学生在社会中的角色要通过就业来实现。因此,学生只有更充分地理解企业文化,才能在学习的过程中更好地实现自身能力与企业要求的对接。企业对于人才的需求与高校对于人才的培养路径是不同的,因此,如何实现高校和企业对人才培养需求的无缝对接,就成为文化融合和教育培养的重要任务。从校园文化和企业文化的角度来讲,校园文化的建设和企业文化的建设对于学生来说都具有重要作用,而校园文化和企业文化在建设过程中实现融合,对于人才培养的意义是非常重大的。两个不同组织架构要想实现人才对接,就需要在对学生进行培养的过程中实现文化的融合,而这种融合的过程,能够让高校和企业这两个主体来实现相互融合,帮助校园和企业双方来进行文化之间的互通互融。

(二)校企文化融合有利于提升企业的行业竞争力

从企业的角度来讲,文化对企业的影响是比较大的。一个企业的文化建设情况,在很大程度上影响着企业的工作,无论是企业员工工作的积极性还是工作能力都与企业的文化建设有着十分密切的关系。所以,通过企业文化的建设,不仅能够实现对企业竞争力的提升,同时,能够更好地保证企业的稳定。通过校园文化与企业文化的相互融合,能够使学生感受与校园文化不同的企业文化。尽早接触企业文化更能使学生了解自己的就业发展方向,为未来的就业增加砝码。对于企业而言,早日接触企业文化的学生,进入企业后会更快地为企业发展服务。同时,企业能够从学校中选择一些更加符合企业发展需要的学生,这本身就是对企业自身竞争力的一种保障,是对企业竞争力提升的一种重要支持。

(三)校企文化融合能够提高学生自身素养和能力

对企业文化的学习与理解有助于提高学生自身的素养和能力。对于学生而言,校园和企业是两个迥然不同的环境,校园有校园文化,企业有企业价值取向。学生十几年来都是在校园文化的熏陶中学习和发展的,一旦离开了这个环境,进入到企业中,难免会有很多不适应的情况,如果不能很好地调节,就会影响到学生在企业的发展。所以,通过校园文化与企业文化的融合,能够帮助学生更快、更好地适应企业,理解在企业面临的是一种怎样的精神文化,让学生能够有一个精神上的准备和适应阶段,帮助学生更好地实现对自身的提升和发展。因此,从学生的角度来讲,通过校园文化与企业文化的融合,能够帮助自己更好地过渡到对企业文化的适应过程中,更好地提高对企业文化的适应能力,从而为以后在工作实践中提升职业素养打下坚实基础。

四、校园文化与企业文化融合的路径

校企文化的融合,是新时期大学校园文化建设的要求,也是学校与企业良性互动与更好地培养人才的要求。人才的培养环境需要校园与企业共同构建,而在企业的发展中,文化建设的路径往往需要实现更深层次的校企合作,才能够帮助学生更好地实现从学生身份到职员身份的转变,提升学生的综合能力。通过对当前校园文化与企业文化融合过程中存在的问题进行分析,发现校园文化与企业文化实现融合主要有以下几种途径。

(一)确立校企双赢的共同的文化价值观

教书育人,合作育人,换句话说都是文化育人,校企合作深化育人的关键在于校企双方文化融合。校园文化与企业文化的全面结合，可以通过校企合作的方式来实现对文化传播的补充，这样能够更好地实现人才培养目标。

文化在至高的精神层面上展示着人类共同的精神价值，而文化的差异存在着互赏价值。从形式和表面来看，由于大学和企业追求的价值不同，其文化内涵和价值取向存在较大差异，有些甚至是对立的。从这个层面上来讲，大学文化和企业文化难以融合。但是从长远目标来看，大学文化能够为学校提高人才培养质量，企业文化能够为企业储备高素质的人力资源，最终都是为推动社会发展，为人民创造福祉。因此，我们应当站在人类发展的制高点来审视校企文化融合。唯有如此，校企双方才能达到互相理解，才能形成共识，达成协议，实现合作和双赢。

（二）创新校园文化建设理念

如今，校园文化建设已经不应该单纯局限于对学生的人格培养，即思想品德和价值观的提升，而应从社会环境和学生的就业环境入手，对学生开展更高层次的培养。因此，未来在校园文化的建设过程中，要注重创新办学理念和校园文化建设理念，并且从企业化的教育思维入手，为学生提供更加符合当前社会发展需求的校园文化内容。从这个角度来讲，校园文化对学生的培养就不应该局限于传统的价值观和思想道德的范围，应该在校园文化的建设中，创造性地补充一些企业文化的内容，特别是应当针对当前社会环境下的企业文化内容与校园文化进行对接。具体来讲，在校园文化中可以适当增加关于创新创业的社会环境。创新校园文化内容，将校园文化与社会环境、企业运行环境进行结合，为学生提供更加丰富的教学条件支持。

（三）多手段做好校企文化的宣传结合

校企文化的融合手段是多样化的。就学校而言，要利用校园文化的宣传阵地，主动与企业文化进行对接，更好地整合双方优势资源，提高校园文化宣传的质量。例如，可以在校园里设置企业文化长廊，展示中外企业的发展历程、企业的文化建设等，重点突出企业文化宣传教育；举办“企业日”活动，邀请企业进入校园，与学生进行零距离接触；深入企业内部，使学生直观感受企业文化，也把校园的积极健康的思想带入企业；构建网络阵地，重视网络宣传，使师生目之所触、行之所至都是一道文化风景，形成良好的企业文化氛围。

结语

文化实质上是一种精神的影响，通过文化精神来影响人的思想，从而影响人的行为。校园和企业是学生成长和学习的两个必不可少的发展平台，无论是校园文化还是企业文化，都对学生的学习和成长发挥着至关重要的作用。在校园文化和企业文化的结合过程中，要努力通过多种途径实现两种文化内容的融合，为学生打造更好的文化学习氛围,进而实现校企双方的实质合作和深度合作。

参考文献

[1] 李俊峰,张磊. 应用型高校校企文化融合的价值及实施路径[J]. 应用型高等教育研究,2017(12):20.

[2] 鲍计国. 论我国应用型本科高校校企合作的实践与发展趋势[J]. 河南科技学院学报,2018(10):10-11.

[3] 周杰. 应用型高校校园文化建设研究[D]. 淮北:淮北师范大学,2018.

[4] 袁贵仁. 加强大学文化研究,推进大学文化建设[J]. 中国大学教学,2002(10):15.

[5] 王咏梅. 应用型本科高校校企合作育人机制研究[D]. 南充:西华师范大学,2018.

陕西民办本科高校产教融合、校企合作现状调查研究

王学成　梁潇凝

（陕西国际商贸学院　高等教育研究所　陕西西安　712046）

摘要:陕西民办高校重视产教融合、校企合作,在应用型人才培养、师资队伍建设、科学研究、学生就业、资源共享、社会服务等方面发挥了重要作用,但还存在合作层次不深、积极性不高、缺乏持久合作机制等问题。陕西民办高校应充分认识产教融合、校企合作的重要性、必要性,认真贯彻党和政府一系列战略部署和政策措施,加大教育教学投入,进一步改善办学条件,加强师资队伍建设,深化教育教学改革,增强企业社会责任感。

关键词: 民办高校;产教融合;现状问题;发展建议

课题组成员:王学成,梁潇凝,王飞娟,刘养杰,赖普辉

作者简介:王学成,男,汉中人,研究员,主要研究方向:民办高等教育发展。

基金项目:陕西国际商贸学院委托项目“陕西民办高校校企合作内容及途径研究”成果之一,项目编号(smwt201808)。

根据陕西省教育厅《关于做好2018年调查研究工作的通知》精神,我校决定就“民办本科高校产教融合、校企合作现状、问题及难点”问题展开调研工作。

课题组对我省民办本科高校产教融合、校企合作的现状、存在的困难及促进我省民办高校校企合作的建议等方面进行了调研。先后对陕西国际商贸学院、西京学院和西安思源学院进行了走访、考察,到省政府主管部门教育厅、工业信息化厅进行了咨询调研,并与陕西国际商贸学院合作的企业西安众高管理(珠宝)有限公司、上海速成义齿有限公司、西安新定远精密齿研有限公司、西安齿科用品有限公司、上海蕊源有限公司、步长制药公司等企业进行了考察座谈。

一、调研背景

党的十八大以来,党和政府极其重视职业教育发展,关注产教融合、校企合作。2014年国务院发布《关于加快发展现代职业教育的决定》,引导一批普通本科高等学校向应用技术类型高等学校转型,重点举办本科职业教育,实行校企合作,培养应用型人才。习近平总书记在党的十九大报告中明确指出,完善职业教育和培训体系,深化产教融合、校企合作。十九大之后,国务院印发了《国务院办公厅关于深化产教融合的若干意见》,教育部、国家发展改革委等六部委印发了《职业学校校企合作促进办法》等多个文件,把产教融合、校企合作上升为国家战略,为发展

职业教育、提高应用型人才培养质量指明了方向，同时也给职业教育提出了重大任务。我省民办高校起步较晚，升本更晚一些，大多属新建本科高校，在校企合作和应用型人才培养方面还存在许多问题，制约着民办教育发展和应用型人才培养。因此，我们选择了民办高校产教融合、校企合作调研，希望通过调研能够比较全面地掌握陕西民办高校校企合作现状及存在问题，在学习思考的基础上提出关于加强产教融合、校企合作，提高应用型人才培养质量的意见和建议，为我省民办本科高校加强和促进产教融合、校企合作，提高应用型人才培养质量提供一些思路，为政府加强对民办高校产教融合校企合作的指导和管理提供参考。

二、陕西民办高校产教融合校企合作现状

（一）产教融合、校企合作的基本情况

根据调研安排，我们先后走访了西京学院、思源学院、西安外事学院，通过网络查询了西安翻译学院、欧亚学院等 9 所民办高校，走访了省教育厅、省工业信息化厅（信息调研）等政府部门。根据调研情况看，所走访的民办高校均能依据实际情况开展校企合作，虽合作的规模、内容、方式、深入程度不一，但对人才培养、学校发展产生了积极作用。考察中发现这些学校校企合作已经走上了良性发展的道路，出现了校企积极性双（高校和企业）高现象。如陕西国际商贸学院已于 2017 年和 2018 年分别召开了两届校企合作经验总结交流会，其医药学院与 40 多家医药企业建立了校企深度合作；西京学院、思源学院等也在与企业合作的过程中形成了互利双赢的局面，合作企业较多，合作程度较深，已建立了长期合作关系。

（1）校企合作的认识较为明确。在考察过程中了解到，高校、企业、政府都认识到校企合作是必要的和重要的，校企合作对于培养应用型人才有重要意义。学校认为，产教融合、校企合作源于应用型人才培养的需要，是培养应用型人才的有效方式，是实现应用型高校办学目标的必由之路。校企合作可以使学校进一步明确发展方向，制定出更为符合企业发展需要的人才培养标准和培养方案，解决学生实习实训和就业等问题，丰富学校办学资源。在与企业座谈中，在问及为什么愿意与高校开展合作，接收和指导学生，并在合作过程中给予财力人力方面的支持等时，企业明确表示，开展校企合作，共同参与人才培养，企业也是受益者，可以按照企业用人要求培养人才，还可以优先选拔优秀人才到企业工作，推动企业创新发展。陕西天士力公司总经理阐述了校企双方合作的优势及意义。他认为，发展医药物流事业，人才队伍建设是关键，校企合作办学是培养实用型医药人才的有效途径[1]。政府主管部门对校企合作认识明确，认为校企合作是应用型高校办学的基本要求，也是应用型高校的重要标志，正在积极思考和研究如何把中央精神落到实处。

（2）各民办高校都建立了校企合作基地。为了培养学生的实践应用能力，陕西省 9 所民办高校都建立了数量不等的校企合作单位和实践教学基地，调研数据

显示，西京学院已有202个校企合作单位和基地；西安培华学院现有校外实训就业基地318个[2]；陕西国际商贸学院现有校企合作实习基地143个。

(3)校企合作在应用型人才培养中发挥了重要作用。校企合作的主要内容是开展应用型人才培养，应用型高校的人才培养更需发挥校企合作的作用，与企业共同开展学科专业建设，研究人才培养标准，制定人才培养方案，共同参与人才培养过程，检验和评价人才培养质量，不断提高学生实践应用能力。西安交通工程学院不断强化校企合作、校地合作，先后与200多家优质企业建立了稳定的人才培养与输送机制，并成为中铁电化局“四电工程”人才输送基地。形成了学校与企业、专业与职业、学生与岗位对接的人才培养机制[3]。陕西国际商贸学院以“药”“商”专业为重点，校企共建学科专业，现已建成32个本科专业，形成服务区域企业行业需要的专业体系。企业参与研究制定人才培养标准，编制人才培养方案，整合课程内容，设计实践教学体系，指导毕业论文（设计），指导实习见习，组织实践性课程的教学，安排教师实践进修等。校企合作促进了学校建设，提高了人才培养质量。

(4)校企合作促进了毕业生就业。在校企合作中，通过共同培养人才，进而达成就业愿望，把校企合作与学生就业紧密联系在一起，成为毕业生就业的重要途径。陕西国际商贸学院珠宝学院通过校企合作，连续4年为校企合作单位举办“珠宝专场招聘会”，2017年举办了4场毕业生“企业宣讲会”，并与陕西省首饰商会联合举办了一场由41家企业参与的“珠宝专场校园招聘会”，2018届204名毕业生，除15名学生自主创业外，93%的学生通过校园招聘会平台找到了合适的工作岗位，实现了100%高质量专业对口就业。合作企业普遍反映，学生整体素质高，专业能力强，希望与学校建立长期的合作关系。

（二）校企合作的内容和方式

根据调查情况看，陕西民办高校校企合作主要集中在人才培养、队伍建设、资源共享和科学研究等方面。

(1)合作培养人才。①合作培养人才的基本内容。围绕企业用人需要，校企协同育人，共同确立人才标准，制定人才培养方案，参与人才培养过程，共同检验人才培养质量，共同对人才培养负责，其基本方式是：A. 校企共同制定人才培养方案。企业和学校协商共同制定人才培养标准，共同编制人才培养方案，确定教育教学内容。B. 企业技术人员授课。部分实践课程由企业工程技术人员或管理人员直接授课，讲授企业文化、企业管理、实践应用技术等，共同管理学生学业质量，共同对学生负责。C. 企业技术人员参与指导学生见习、实习和毕业论文写作等。根据学校教学安排，经校企协商，企业接收学生进行专业见习、生产实习，在企业工程技术人员指导下，经过一定时间的深入实践，学生对企业有了更为深入的了解和熟悉，为以后工作打下坚实的基础。毕业论文（设计）要求以企业生产中的实际问题作为研究内容，实行校企双指导教师制，以解决企业实际问题为目标。D. 校企共同组织开展行业专业知识技能竞赛,提高学生创新创业能力。陕西国际商贸学院珠宝学院结合专业学习与珠宝行业发展,积极开展丰富多彩的专业知识竞赛及实践应用技能大赛,2017 年举办了“中维杯”第二届珠宝鉴定、“梦祥银杯”珠宝首饰设计、“周生生杯”首饰镶嵌、“爱丽丝杯”校园珠宝设计等 5 场大赛。通过举办大赛,既培养了学生创新创业能力,锻炼了实践应用能力,也检验了学校的教育教学水平,促进了教学手段与教学方法的改革提升。同时加深了学校、企业、学生之间的深度融合,学生的才华和创新创造能力得到展示,为企业优先选拔人才提供了机会。目前已有 4 件学生作品被企业选中,并投入生产。

②合作培养人才的主要方式。根据企业需要,校企双方协商,采取多种培养方式,为合作单位培养急需人才。主要有常规班培养、订单班培养、冠名班培养。A. 常规班培养。常规班培养是校企合作培养人才的基本模式,是企业在没有特定要求的情况下普遍采用的合作方式,并按照应用型人才培养要求全程参与教育教学活动。B. 订单班培养。即企业根据用人标准,在现有学生中选拔一定数量的学生,由企业发放奖学金,校企共同培养,毕业后到企业就业。如步长制药事业部根据用人需要,在现有学生中选拔了 31 名学生,组成步长精英班,开展企业管理、财务管理、医药销售人才的定向培养。C. 冠名班培养。以现有教学班为基础,以企业名称冠名,按照企业要求培养人才。陕西国际商贸学院与珠宝行业合作,开设了“爱迪尔”“梦祥银”“中维质检”“爱丽丝珠宝”“咸阳金行”“戴梦得”“翠融珠宝”等冠名班[4];与西安豪享来温德姆至尊酒店合作,开办了“温德姆至尊”冠名班等。订单班和冠名班均由校企协商共同确定人才培养标准,共同编制人才培养方案,共同实施人才培养过程,共同管理学生学业质量,并由企业提供奖学金。两者的区别在于:订单班学生全部到企业就业,冠名班毕业时由企业和毕业生双向优先选择。

(2)师资队伍建设。民办高校充分利用企业条件加快教师队伍建设。民办高校普遍存在青年教师比例偏大的特点,学校依托校企合作平台,开展青年教师岗位培训,推荐、鼓励教师利用寒暑假分批分次到企业挂职锻炼,参与技术改革,及时了解和掌握行业、企业生产和发展最新动态,补充和更新知识。教师通过企业生产一线实践,找准了市场需求与课堂教学的契合点,丰富了教学案例,提升了专业水平和实践教学能力。学校结合应用型办学定位,从合作企业引进具有教师潜质的技术技能型人才,改善教师队伍结构,促进“双师型”师资队伍建设。同时,企业利用高校师资力量开展职工队伍短期培训,提高企业员工素质。通过共建实验室,在锻炼学生的同时,为企业培养加工、销售、管理等人才提供了平台。陕西国际商贸学院与中国宝玉石首饰行业协会、国家珠宝质量检验中心和中国地质大学合作,开展珠宝专业执业资格培训,近三年(2016—2018 年)培训“宝玉石鉴定师”“钻石分级师”等专业人才 400 多人,培训了一批销售精英、优秀店长和管理人员[4]。

(3)资源共享。资源共享是校企合作又一重要方式。陕西民办高校在校企合作过程中,通过实验室共建共用、信息资料共享、技术人才共有等多种方式实现了优势互补,1+1的效果大于2。陕西国际商贸学院紧紧依靠企业办学优势,深入开展产教融合、校企合作,利用步长制药公司技术、人才、信息资源,共建学科专业、教学科研平台,为高水平人才队伍建设、开展科学研究、服务地方经济社会和促进学校发展提供了坚实基础。陕西国际商贸学院与陕西步长制药有限公司共建了中试、前处理等车间以及质量检验部、化验室和步长制药西安研发中心等。珠宝学院利用珠宝行业的丰富资源共建实验室,先后与西安昊龙黄金、蓝田鼎华玉雕、陕西戴梦得等企业共建珠宝首饰质量检测中心、玉石雕刻车间、宝玉石陈列室、校园示范店、奇石馆等9个实验室和示范店,为学生课内实训建立了全真的实践条件。2015年由西安昊龙黄金有限公司提供设备和技术支持,学校提供了96平方米的店面和人力支持,建成了车花实验室。该实验室培养单一工种——“车花工艺师”,为企业输送人才,校企双方合作颁发证书,提供技术证明。翠融珠宝出资建设珠宝教学实训店,开展货品配置和运营管理培训,将其打造成珠宝专业学生实习、实训的重要场所。共建的宝石学实验教学中心,获批陕西省宝石学实验教学示范中心。

由陕西国际商贸学院特聘教授、陕西戴梦得商贸有限责任公司总经理高宏远先生赞助建成的“戴梦得标本馆”,始建于2014年,学校提供场地并由专人维护,至今运行近4年,共接待校内外来访人员2 000多人次,来访人员均对该实验室的藏品以及校企合作方式表示极大兴趣。同时该实验室也是进行实践教学的重要场所,共承担了2013、2014、2015级本专科宝石及材料工艺学专业“珠宝首饰鉴赏”“中国玉文化”“银饰与银文化”“翡翠学”“和田玉宝石学”“玉雕工艺赏析”“玉石肉眼鉴定”等14门理论课与实践课共计50余门次的课内实验。由陕西戴梦得、河南天语收藏文化传媒有限公司、西安翠融珠宝、河南梦祥银纯银制品有限公司等,共同建成的珠宝玉石陈列室。一方面供师生教学、参观使用,扩大了学生视野,一方面也盘活了企业资源,为推介企业资源提供了平台。陈列展品市值达1亿多元,大大丰富了学校教学资源。

(4)校企共同开展科学研究。在校企合作中,高校发挥基础理论优势,企业发挥其技术信息等资源优势,合作开展科学研究,是校企合作的又一重要方式。陕西国际商贸学院医药专业校企共同申报“冠心舒通胶囊质量标准提升研究——天竺黄质量标准研究”“咳露口服液澄明度研究”等项目;珠宝专业校企共同成立了“蓝田玉学院”,开展蓝田玉的科学研究、产品开发、文化宣传和专业人才培养,共同致力于蓝田玉产业的发展、创新,利用学生暑期社会实践活动,与蓝田玉商会联合开展蓝田日暖玉生烟——陕西蓝田玉雕传承方式调研;与河南梦祥银纯银制品有限公司合作,开展矿物药首饰产品设计研究,编写《银饰与银饰文化》专著(已公开出版)[4];与西安高陵奇石馆联合编著《观赏石与文化》专著;与周生生珠宝金行(西安)有限公司开展合金加工研究。通过合作进行科学研究,丰富了学校的科研内容,提高了教师的科研能力,同时也提升了企业员工素质、文化品位和核心竞争力。

(5)校企合作,为地方提供技术咨询服务。经管类专业在当地政府的指导下,与咸阳市科学技术协会合作建立了“中国科协创新驱动示范市——校企协同创新基地”,并依托咸阳市科协的技术支持和学校的优质资源,在旬邑县建立了“教育实践精准扶贫基地”。与陕西盛世飞腾现代农业物流有限公司合作,针对旬邑县苹果的滞销情况,组织学生结合所学专业知识,对苹果滞销原因进行了调研分析,联合咸阳市科协,采取“公司 + 科协 + 农技协 + 高校 + 会员”的模式,为果农免费提供优质肥料,指导农民科学施肥,进行科学的田间管理,实施精准扶贫,增强了学生服务社会意识,提高了学生分析问题和解决问题的能力。2018 年以来,陕西国际商贸学院与西咸新区沣西新城管委会合作,为当地开展企业管理培训,服务区域企业发展。利用经管实验教学示范中心优势资源,举办沙盘商战暨 CEO(首席执行官)训练营,活动以商业实战为抓手,借助高新科技的 ERP(企业资源计划)系统与电子平台,真实直观还原商场,将理论与实践结合,全方位锻炼参训者判断力、决策力、执行力及创新力。

三、陕西民办本科高校校企合作存在问题及分析

整体来看,陕西民办高校能较好开展校企合作,在培养应用型人才,适应经济社会发展方面发挥了重要作用。但由于主客观多方因素,校企合作发展还不平衡,在深度和广度方面还不尽如人意,主要存在以下问题。

(1)低层次合作多,广泛深入及持久合作不足。因专业特点及学校教学计划的限制和其他主客观原因影响,学校和企业合作往往局限于浅层次或单纯的某一方面合作,更多地局限于人才培养和学生实习、毕业论文指导等,缺乏较深层次的融合。

(2)工科类企业积极性不高。企业以营利为目的,需要正常的生产经营秩序,与高校合作培养人才,企业要付出较多的人力、精力和财力。学生就业的稳定性差,企业花费精力与学校共同培养的学生不一定能为企业所用,对企业来说,没有太大的实际意义,反而成为企业的负担,所以,工科类专业专业所对口的企业校企合作积极性不高。

(3)缺乏深入持久的合作机制。在考察中我们发现,目前的校企合作关系的建立,主要是依赖熟人朋友关系,企业主动寻求高校开展合作的较少,从政策上缺乏统一的机制保证校企长期稳定合作。

(4)教师的业务素质和能力不足,影响校企合作的深入开展。目前民办高校教师从学校毕业到学校教书者居多,缺乏企业管理经验和技术能力,无法帮助企业解决生产技术或管理难题,给企业以实质性的帮助和指导,这些因素也影响着校企

合作的深入。

(5)教学内容滞后，跟不上行业发展，不能适应企业需要。有的专业教材内容陈旧，“部分学校实验用房和仪器设备均有很大的缺口，仪器陈旧、损坏等现象也大量存在”[5]，教学内容、实验室建设滞后于行业发展，学生所学知识技能与实际需求脱节，无法适应企业生产活动，影响校企合作和实习活动的正常开展。

(6)学生实习实践缺乏安全方面的政策和制度保障，校企均有顾虑。关于顶岗实习的安全协议，主管部门没有统一的模板要求，没有格式合同，学校在这方面比较被动，特别是民办高校。学生实习的安全是学校最为担心和头疼的事情，有的专业为了学生安全甚至不安排实习，譬如强电类专业，学生实习多以参观为主，动手很难实现，主要是考虑学生实习的安全问题。

四、加强产教融合、校企合作，促进应用型高校健康发展的建议

(1)充分认识校企合作的重要性和必要性。产教融合、校企合作是培养应用型人才的基本方式。随着经济社会发展，经济结构调整和技术升级，需要大批应用型技术技能型人才，而高等学校原有的以学校为中心、以课堂为中心的人才培养方式已不适应经济社会发展需要，必须与用人单位，与企业建立合作机制，共同培养人才，才能满足企业用人需要。产教融合、校企合作办学，具有紧密结合社会生产实际、与用人部门共同培养人才等多方面优势，成为培养应用型人才的主要模式。实践证明这是一条培养应用型人才的有效途径。同时，产教融合、校企合作也是民办高校实现办学目标的重要途径。我省民办高校的基本任务就是为地方服务，为地方产业、行业、企业提供技术技能型人才。企业需要什么样的人才，企业最清楚，最有发言权，培养适应企业需要的人才，必须由高校、企业共同制定人才标准、培养方案并参与实施。只有通过产教融合、校企合作，才能培养出高质量应用型人才，适应经济社会发展需要，实现应用型高校的办学目标。

(2)认真贯彻落实十九大精神和国务院及其各部委文件，为校企合作提供理论与政策支持。十九大以来，党和政府高度重视职业教育发展和产教融合、校企合作办学，发布了一系列政策措施和实施办法，进一步规范了校企合作行为，为指导和促进校企合作的开展奠定了坚实的理论政策基础。中央支持指导校企合作的法律法规政策制度已经到位，省级政府应结合本区域学校和企业实际，制定落实中央政府的政策、制度、措施，真正把校企合作和应用型人才培养作为政府施政的重要任务，担负起政府的职责。应用型高校要认真学习十九大精神，贯彻国务院和六部委提出的校企合作有关规定，落实促进校企合作的若干措施，根据办学定位、培养目标，积极主动深入企业，研究探索校企合作，提高应用型人才培养质量的方法路径，切实把立德树人、服务社会的办学目标落到实处。

(3)政府加强宏观管理与政策法规建设，促进校企合作的制度化、规范化发

展。政府是校企合作的组织者和管理者,通过把握方向、制定政策、确立标准、规范行为等方式进行宏观管理。要制定符合陕西实际的校企合作办法,对校企合作中政府、企业、学校、学生四方的权利和义务作出明确规定,对参与学生培养、接纳学生实践,与高校紧密合作的企业,落实优惠政策。对于学生实习安全,应有明确的政策制度规定。针对职业学校开展校企合作的基本要求,支持校企合作的制度保障、校企合作的评价指标等,要尽快出台《陕西省人民政府关于深化产教融合的实施意见》,以规范校企合作行为,引导校企合作发展,促进人才培养质量提高。

(4)民办本科高校要加大教育教学投入,进一步改善办学条件。按照国家评估和人才培养要求,加快实验室、图书资料和教材等教学基本条件建设。用好省政府专项支持经费。省级政府对民办高校教学投入占总经费比重作出规定,补充和更新实验设备和图书资料,适应教育教学需要,不断改善办学条件,提升办学质量。只有校内办学资源丰富了,办学条件改善了,师生的教与学才有更好的物质基础,实践动手能力才能得到更好的训练,与企业的合作才能更加深入持久。

(5)深化教育教学改革。把教育教学内容改革放在突出位置,突出民办本科高校教育特点,加强学生知识能力结构研究和教育教学内容研究,为学生提供符合培养目标要求,符合学生知识层次和接受能力的教育教学内容。开展适应本科职业教育需求的教材建设和研究,根据科学技术发展动态,不断充实更新教学内容,建立符合本科职业教育和本校实际的教育教学内容体系,不盲目照搬重点大学或其他类型高校的教学内容和教材,为学生提供适合的教育内容和方法,提高教学效率,提高教育教学质量,跟上企业发展技术更新的进程,在校企合作中与企业同频共振。

(6)加强教师队伍建设,不断提高教师队伍的教学水平和实践应用能力,在校企合作过程中能为企业解决具体困难和问题,实现互利双赢。本科职业教育教师除需进一步提高理论水平,还要加快对服务对象的研究,根据区域产业特点,研究区域产业发展现状及趋势,有针对性地了解和熟悉产业行业需求,对合作企业进行深度考察,切实提高教师实践应用能力和科学技术水平,力争成为某一行业的专家,成为“双师型”教师,一方面在培养学生的实践应用能力中发挥作用,一方面也能真正为企业培训人员,指导或参与技术改造革新,解决企业发展中的困难和问题。

(7)企业承担应有的社会责任。担负起培养应用型人才的责任,不仅要从企业自身短期经济效益着眼,更要从企业长远发展,从整个社会发展的角度看待校企合作和人才培养。企业应积极主动地与高校联系,为校企合作提供必要的条件,如实验场地、学习办公场所、仪器设备等,尤其是要选择责任心强、技术过硬、能够指导学生实践的工程技术人员,主动与高校就专业设置、人才培养标准、培养方案等进行研究磋商,积极参与培养过程,检验人才培养质量。同时,就生产经营中的困难和问题,与高校教师积极沟通交流,争取学校参与研究,共同解决。

参 考 文 献

[1] 夏金. 我校医学院与陕西天士力医药物流有限公司隆重举行产学研合作签约暨授牌仪式[EB/0L]2016-11-09. 西安外事学院校园网.

[2] 佚名:校企合作深度融合 引领教育教学改革——西安培华学院探索商科实践育人新模式[N]. 中国教育报,2017-03-14(7).

[3] 西安交通工程学院. 学校简介[EB/0L]2019-05-02. 西安交通工程学院校园网.

[4] 王学成,梁潇凝. 互利双赢是校企合作的基础——以陕西国际商贸学院珠宝学院为例[J]. 当代教育实践与教学研究,2018(9):102.

[5] 蔺小清. 关于应用型本科高校构建实践教学体系的思考[J]. 陕西国际商贸学院论坛,2019(1):74-77.

第二部分　校企合作与人才培养模式研究

校企合作视阈下的应用型本科人才培养模式探析

王振亚　蒋涛
（陕西国际商贸学院　科技处　陕西西安　712046）

摘要：中国实体经济的快速发展迫切需要大量的应用技术型人才，而大批地方性的应用型本科院校无疑肩负着为生产、服务和管理一线培养应用技术型人才的使命。但是，传统的人才培养模式存在诸多弊端，不能适应新时代经济社会发展对应用型人才的需求。通过校企合作，实现产教融合、协同育人，是培养应用技术型人才的必由之路。本文探讨了校企合作培养应用型人才的学理基础，分析了目前校企合作人才培养的现状、问题及成因，在此基础上，提出了构建符合国情和区域经济社会发展实际的应用型本科人才培养模式的路径和举措。

关键词：应用型本科；校企合作；人才培养模式

作者简介：王振亚，陕西商州人，教授，博士生导师，研究方向：世界社会主义理论与实践、发展中国家政治现代化

蒋涛，咸阳人，副教授，研究方向：教育政策及青少年法学

应用型本科院校肩负着培养面向生产、服务和管理一线需要的应用技术型人才的使命，而应用型人才的培养必须贴近社会经济发展实际。传统的人才培养模式，存在着重理论轻实践的弊端，学生缺乏技能素质和实际应用能力的训练，培养出的人才与行业和企业实际需求相脱节。学生应用能力和相关职业素质的获得，不能脱离企业的生产实际，教学内容也必须和企业技术改革及产品更新实时联系在一起。大力加强校企合作是提高应用型本科院校教育质量、解决应用型人才培养瓶颈的必由之路。因此，构建适合我国国情、地区经济发展和学校实际的校企合作人才培养模式，推动应用型院校与企业长效合作，互利共赢，共育应用技术人才，是一个重要而迫切的课题，值得深入研究。

一、校企合作人才培养的理论基础

(一)校企合作人才培养的含义和特征

1. 含义

随着市场经济的发展,单一的教育模式已经不能满足当今企业的需求,校企合作无疑是提升应用型本科教育质量的必然选择,它颠覆了传统的教育培养形式,通过构建校企合作的平台,学校和企业共同培养学生,不仅使学生在校内按照企业标准进行理论知识的学习,还让学生利用企业实习的机会展示在校学习到的知识能力,为今后步入企业作良好铺垫,与此同时还可以提前感知企业文化,提高自身修养,提升综合素质。这样可以真正实现应试教育向应用型教育的转变。应用型本科校企合作人才培养的目标就是要提高学生的创新能力和动手能力等综合素质,使人才培养在国家经济发展、社会进步和国防建设中发挥更重要的作用。在这个目标中,应用型本科校企合作人才培养具有以下三层含义。

第一,应用型本科学校是以知识的继承、发展和传播为中心,并通过服务的手段,不断扩大学校的作用和影响力。而这一切又是通过人才培养来实现的,因此,人才培养是应用型本科学校的根本任务。当前,校企合作人才培养不仅是这一根本任务的具体实践,而且还将对知识的发展和传播起到积极作用。

第二,在当今应用型本科学校,校企合作是一个具有标志性的特点。校企合作人才培养是为了探索出应用型本科学校培养人才的新途径,并以此为载体加强学校和企业在技术更新、产品市场竞争力的提升、管理的科学化水平的提高等方面的全方位合作,促进产学研协调发展。

第三,当今高校,提高学生的创新能力、动手能力等综合素质是人才培养的关键。而校企合作人才培养,便于应用型本科学校优化培养方案、改进课程教学、加强科研工作,更好地培养学生在解决实际问题过程中开拓新局面、创立新事业的能力。

2. 特征

在我国现行教育政策指导下,各高等学校之间的办学定位、人才培养目标和教育服务对象不尽相同。应用型本科院校作为高等教育的重要组成部分,与职业院校和研究型大学相比,在开展校企合作过程中有其自身的特殊性。

第一,应用型本科高校自身的人才培养定位,决定了其培养出的人才在就业时具有更大的适应性和弹性,这与技能型人才培养不同。应用型本科人才培养在定位上突出的是面向行业或某类职业群,而不是针对关联的单职业,这是与技能型人才培养最大的不同之处。应用型本科高校为了实现这个定位,在校企合作时,就必须要选择具有行业代表性的企业。要充分利用代表性企业在行业中的引领和示范作用，为学生营造出一系列可适应多重工作场景的实践环境，将学校的教育环境、资源，与企业的工作氛围、要求相结合，把课堂教学和实践训练有机统一。

第二，应用型本科高校在人才培养过程中，对实际工作能力的要求更重于学术研究能力的培养，这一点不同于研究型人才培养。应用型人才要有更强的解决实际问题的能力，以便在入职时能比其他人才更快地适应岗位需求。所以，应用型本科院校人才培养不同于研究型院校，需要将学科知识与工作经验相结合，在教学方法上将理论知识点讲授与实践技能传授相结合，最终用知识掌握度与技能应用度来检验教学成果。

（二）校企合作人才培养的理论依据

1. 博弈论

从 1928 年正式诞生到今天成为一种较为完善的理论学科，博弈论的发展历史已有 80 多年。在前人研究的基础上，现代博弈论代表人物约翰·纳什（John. Nash）、约翰·海萨尼（John. Harsanyi）、赖因哈德·泽尔滕（Reinhard Zelten）等将博弈论进一步发展，并提出了一系列新的理论和观点，如纳什提出的纳什均衡、泽尔滕提出的动态博弈等都对博弈论的发展起到了重要的推动作用。时至今日，博弈论已经发展成为用来分析二人以上的社会中人们理性决策的选择行为模式的标准工具，在经济学、政治学、生物学、军事战略等领域都得到了广泛的应用。[1]博弈论就是研究互动决策的理论。所谓互动决策，即各行动方（局中人）的决策是相互影响的，每个人在决策时必须将他人的决策纳入自己的决策考虑之中，同时需要把别人对于自己的考虑也纳入考虑之中，如此进行决策，选择最有利于自己的战略。

运用博弈论来分析校企合作以及当前我国校企合作模式中普遍存在的校企双方"一头热一头冷"的现象，可以这样理解：学校和企业作为校企合作中的博弈双方，当学校或企业中的任何一方行为主体进行决策选择时，都会受到另一方行为主体选择的影响，同时也反过来影响另一方行为主体的决策选择；校企合作实际上也是校企双方各自利益的博弈过程，只有寻找到校企双方共同的利益结合点，建立一种校企双方互惠互利的"双赢"模式，让企业也能从校企合作中获得其期望的利益回报，企业才能作出积极参与校企合作的决策选择。[2]

2. 教育与生产劳动相结合理论

马克思、恩格斯高度重视教育与生产劳动相结合的作用。在《资本论》中，马克思曾明确指出，教育与生产劳动相结合"不仅是提高社会生产的一种方法，而且是造就全面发展的人的唯一方法"。随着社会生产力水平的不断提高，生产劳动过程对科学技术、文化知识水平的要求也越来越高，这使得学校和企业这两个本来属于两个不同社会生产系统的独立部门之间的关系越来越密不可分。教育承担着传递科学技术和文化知识、培养具有一定知识和技能水平的劳动者的重要使命，劳动者可以通过教育学到现代科学技术和文化知识，学会运用科学原理来解决生产劳动中遇到的实际问题。学校同企业的深度合作，既可以使在校学生得到有针对性的技术训练，又可以使生产劳动得到科学原理的有效指导；既有利于学校教育质量的提高，又有利于增强企业的市场竞争力，进而推动社会生产力的发展。

3. 人力资本理论

20 世纪 60 年代，美国著名经济学家舒尔茨和贝克尔创立了比较完整的人力资本理论。该理论明确指出，人自身拥有的有用的知识与技能也是一种资本，这种人力资本比物质资本更能促进社会经济的增长。人力资本理论的核心观点之一是教育在人力资本的形成和发展中起着至关重要的作用，教育投资是人力资本投资的主要方式，这一观点也为当前校企合作的开展提供了坚实的理论基础。伴随着转变经济增长方式对人力资本积累提出的巨大需求，基于不同的利益考虑，校企合作业已成为教育部门和产业部门适应社会变革的必然选择。对职业院校而言，要培养出适合劳动生产需要的、既有知识又有技能的高素质技能型人才，就必须将校企深度合作纳入到本校的人才培养方案中，因为加强与企业的合作是培养学生实践能力的最佳途径。对企业而言，高素质技能型人才的拥有和储备情况已经成为影响企业生存和发展的关键一环，为了不断增强企业的发展潜力，企业也应该积极主动地投身到校企合作中来，直接参与学校的人才培养工作，甚至可以参与学校的教育决策，与学校共同培养、培训适合本企业生产需要的实用人才。[4]

二、当前校企合作人才培养的现状及问题

（一）校企合作人才培养现状

为深入实施《国家中长期教育改革和发展规划纲要（2010—2020 年）》《国家中长期人才发展规划纲要（2010—2020 年）》，加快发展现代职业教育，《国务院关于加快发展现代职业教育的决定》中提出“坚持校企合作、工学结合，强化教学、学习、实训相融合的教育教学活动”是推进人才培养模式创新的重要手段。这其实就是给各类院校透露了一个信息，要想发展，必须走和企业结合的道路，改革传统的人才培养模式，转变以课堂为中心的旧观念，探索校企双方如何共同办学的道路。在政府的倡导和校企双方的积极响应下，目前绝大部分高校都在不同程度地开展校企合作，有些还取得了令人瞩目的成绩。

1. 工学结合模式

“工学结合，半工半读”模式，是指学生在学校系统学完所有课程之后，通过到企业顶岗实习，完成从理论到实践的转换，主要包括“3 + 1”或“2 + 1 + 1”模式。该模式起源于英国的“三明治”模式，实现了校企合作、工学结合、顶岗实习。该模式在校企之间的合作方面并无本质差异，只是依据专业特点选择在不同的学期开展校企合作。在该模式的影响下，学生能够在相对长的时间里，较为系统地梳理理论知识或是锻炼实际操作能力。学生能够在前两年或前三年集中精力进行理论学

习,在第三学年或是第四学年到企业锻炼实践能力;在“2 +1 +1”模式中,学生在实践能力得到锻炼后,第四学年还要继续回校学习专业基础知识,在认识与实践中加深对专业理论知识的理解。因此这两种模式主要应用于本科层面(4 年制)校企合作办学模式,在该模式的指导下,学生能够将所学专业知识在实践中得到应用与锻炼,学校能够实现人才培养和科研成果转化,企业可以培养吸纳优秀员工,从而实现三方受益。“3 +1” 或“2 +1 +1”模式为提高学生职业能力提供了良好的实现基础,但是该模式由于教学内容与实际工作内容不能很好地对接,导致目前在具体实施过程中出现了学生到企事业单位顶岗实习的工作内容并非学生在学校所学的专业知识的窘境,此外学生通过顶岗实习后其专业技能的评价体系尚不完善以及企业不愿意接纳短期的顶岗实习生等相关问题亟待解决。[5]

上海市杨浦区人民政府为了加快区域内创新型、实用型人才的培养,大力扶持复旦大学管理学院 MBA 商业咨询实验室项目,每年在这个项目中给予专款经费支持,鼓励学生将管理理论与商业实践相结合,全面提升综合运用管理知识的能力,从企业的需求出发,围绕企业的发展(如国际化战略、市场开拓、资本运作、企业组织结构、商品化战略、行业竞争版图等方面)开展专项咨询或研究工作,作为企业的外部智囊,帮助企业剖析实际问题,提供解决方案与思路,从而为企业的发展助力。上海市杨浦区政府通过鼓励支持这种多方赢利的校企合作形式,为区内企业提供了良好的服务,同时也为区内招商引资工作提供了良好的服务,吸引更多优质企业落户杨浦区。企业方面,可以以较低的价格获得学生的咨询信息资源,同时可以在让学生做咨询项目的同时,更加全面地观察学生的综合素质和能力,有利于企业找到需要的合格管理人才;学校方面,组织学生为在企业做咨询的过程中,让学生有机会把理论知识很好地用在实践工作中,使学生的动手实践能力全面有效地提高,有效地让理论知识与实践结合,同时也在实践工作中对企业有深入全面的了解,以便帮助学生考察这家企业是否适合自己的职业发展,这家企业是否有利于今后职业发展的正确规划,这样的校企合作就是一个良性互动的双赢的过程,实践证明,这样以政府为主导的良好互动的校企合作模式受到企业和学校的共同青睐,不断得到试行企业及参与项目的学生的认可,每年来申请这个项目的企业不断增加,学生们也跃跃欲试,积极加入实践项目的申报中。

2. 订单培养模式

所谓“订单”培养模式,就是学校根据企业提出的人才需求数量和规格对人才进行培养的一种办学模式。这种“订单”,不单是一张“用人”的预定单,而且是涵盖整个教育流程的一整套培养安排, 是一组广义的“订单”集合。其特点是学校要根据企业所下“订单”的要求来培养学生,也就是为企业“量身打造”所需人才,满足了企业的个性化需求。只要学校培养的人才符合企业“订单”标准,企业就会接收,这也意味着一旦学生成为 “订单”培养的对象,同时也就可以成为企业的员工。

为了保证人才培养的质量,企业自然就会主动参与到人才培养的过程中来。“订单培养模式”实现了“招、培、就一体化”,真正做到了用人单位和学校之间的零对接,是目前很多高校正在探索的一种新型的校企合作模式。这种模式也存在一定的弊端,如有些学生一旦成为“订单”培养对象,就会认为就业已经有了保障,从而放松了自己的学习,到最后反而难以达到“订单”的要求被企业拒收;这些“订单”培养对象在培养时是以满足企业的个性化、专业化需求为出发点的,如果出现意外情况不能到签订“订单”协议的企业就业,如何应对此类问题也是学校在人才培养过程中应该注意的。另一方面,通过“订单式”模式培养的学生在自主选择就业方面将失去自由,这也是“订单式”模式的局限性之一。学生在“订单式”模式下,对于通识知识的获得会相应减少,为其职业发展埋下隐患。开展“订单式”模式需要在开设专业时紧密结合当地经济发展需求,及时与行业企业进行沟通,并与企业保持持久联系,实现人才培养的持续性和有效性。[3] 目前该模式主要应用于中高职阶段的人才培养过程,为培养技术技能人才,促进学生就业提供良好的实现条件。

抚顺职业技术学院化工系在学院大力推行校企合作、工学结合的思想框架下,在2011年与抚顺佳化化学有限公司本着“平等诚信、互惠双赢、共同发展”的原则签订了订单式人才培养协议,组建了“佳化班”,共60名学生。双方合作构建了“2+1”订单式人才培养模式及基于工作过程的课程体系,开发系列校内实训讲义。结合佳化化学股份有限公司的生产特点、职业岗位所要求的知识、素质和能力,通过典型任务分析、归纳行动领域,最后转换为学习领域,构建了基于工作过程的课程体系。学校和企业根据市场变化、企业及学生的需求,遵循教育教学规律,共同设计一个学校、企业、学生三方都满意的人才培养计划,实现对订单培养的具体化和精细化。组织教师与企业专家、工程师、技术员按照专业实际需要,编写了系列专业实训讲义。再次,建立了校企“双管理、双考核”机制。通过建立稳定的校外实训基地,为校企深度合作奠定了坚实基础,也为学院与区域内其他企业合作起到了示范作用,并且实现了教学过程与就业岗位之间的无缝对接。

3. 校企共建生产、实训基地模式

校企共建生产、实训基地模式,指的是学校为企业提供场地,企业为学校提供生产设备,将自己的一部分生产线建设在校园内。这种模式的建立一方面方便了学校的教学,使学生足不出户就可以把理论学习和顶岗实习相结合;另外一方面也帮助企业解决了场地、资金的问题,真正做到了双方资源共享,是产学研结合的最有效的途径。这种模式主要包括企业赞助型和优势互补型两种模式。企业赞助型是指企业通过无偿赞助或半赞助的形式向学校提供该企业生产或营销的仪器、设备或应用软件等产品,与学校共建校内实训室或实训基地,供学生实训使用,并且随时对产品更新或升级。一方面,企业通过无偿赞助或半赞助的形式向学校提供产品,帮助学校解决实训基地建设资金困难的问题,建设校内实训室或实训基地,达到校企合作共同培养人才的目的;另一方面,企业也从中受益。学校培养了一批熟悉该企业和该企业产品及操作性能的专门技术人才,这些人才会成为该企业产品的义务推广者"活广告"甚至是忠实的用户;企业可从学校所培养的毕业生中优先择用人才,这些人才可以实现学校教学与企业上岗零距离接轨:学校还可以为企业提供客户培训等。优势互补型由学校、企业共同提供设备或师资,共建实训基地或培训基地。这种模式通常是企业有建立产品用户培训基地的愿望,虽然有设备条件,但在场地或师资方面缺乏或有一定困难;而学校有场地或师资方面的优势,但存在资金不足、设备缺乏或数量不足的问题。如果双方合作,就可以实现优势互补。作为培训和实训基地,除对客户培训外,培训中心还面向社会开展短期培训,培训收入所得双方按合同规定比例分成。

在该模式下学校依托优势专业通过和企业合作共建公司,实现应用型人才培养,例如,沈阳职业技术学院在发展计算机专业的过程中,注册成立实体公司,建成校企一体、教学做合一的"校中厂"教学公司。公司对外承揽项目,依托校内已建成的实训实验室,为学生提供真实工作环境,锻炼其动手操作能力。在工程实施中,教师采用项目教学法,按照不同项目需求,带领学生共同完成,教师和学生的工程实践能力能够同时得到提高。对于以经济管理类专业为主要优势的院校,在该模式的指导下开办的大学生创业基地,创办的由学生经营管理的超市、物流中转站等也为提升学生职业能力、培养敬业精神、提升专业素养打下良好的基础。如秦皇岛职业技术学院为培养经管类专业学生的专业能力,为其预留学校超市商位,鼓励学生自营管理。该模式为学生在实习过程提供一定的薪资报酬,提高了学生的参与积极性。"校中厂"教学工厂模式不仅实现了学校培养应用型人才,也创造了经济收益,为促使学生将所学知识向生产力转化提供了现实基础和物质保障。

(二)校企合作人才培养中存在问题分析

为建立健全符合我国国情和行业发展特点的模式,学校和企业共同合作,拓展了多种形式的校企合作的模式,在培养创新型、实用型人才培养的理论基础上进行了有益的探索和尝试,但在其中我们也发现了很多问题。

第一,企业缺乏正确认识,参与积极性弱。

企业在校企合作中,由于其本质上不是教育机构,追求利润并使其最大化,无疑是企业参与校企合作最根本、最直接的出发点,与培养学生的初衷背道而驰。要培养一名学生,除了要提供专业训练以外,教材、课程、设备都要配备齐全,学生适应岗位需要一段时间,而把学生培养成熟练工人以后,学生的实习期就结束了,在政策保障和制度保障缺位的环境中,参与校企合作中产生的额外成本只能由企业独自承担,企业觉得这是一种浪费,还不如直接在市场上招聘成熟的人才,因而企业方参与的积极性不高。另一方面,有些企业参与校企合作的动机不纯,在我国很多企业参与校企合作的目的,无非是为了利用职业类院校的学生来作为它们的廉价劳动力。以2009年上海酒店行业对实习生的迫切需求为例,我们可以算一笔账,当时酒店行业正式服务员的基本工资是每月2 000元左右,包吃住,还要缴纳员工的"三金",而我们的实习生的实习工资则是每月600元,包吃住,其他的什么费用都不需要缴纳。而作为实习生因为刚去都是低姿态,抱着去学习的态度,一般都被安排在比较苦、比较累,其他正式员工都不愿意干的部门。花最少的钱,来为企业谋取最大的利益,在这种状态下,学生又怎么能通过实习得到很好的提升?另一方面,个别高校对小型企业不够重视,而大型企业只会与它们认为效率较高的学校合作,这样就导致了部分高校有创新的项目、独特的资源、合理的合作模式,却找不到合适的企业与之合作。对于小型企业来说,受其自身各方面条件的限制,对合作的前景更加感觉渺茫,所以,大家可以发现一所高校合作的企业就是固定的那么几家,一家企业合作的高校也一直就是那么几所,合作的单位就是那些,增长得并不多。长期合作使企业和高校建立起了很好的伙伴关系,导致他们不会轻易更换合作对象,也未曾想过再增添新的合作伙伴加入到自身建设的过程中来。

第二,缺少交流平台,师资队伍"双师型"特点不明显。

巴纳德认为只有通过信息交流才能实现合作意愿和共同目标两个基本要素,变静态为动态。在合作过程中,院校很难与企业联络,更无搭建有效的信息沟通的平台。当前校企之间的联络,很多是靠已毕业的学生与母校之间、同学及其他亲朋好友个人感情维系的,校企双方信息沟通交流还存在一定的问题。人在合作关系在,人不在合作关系就终止的情况很多。学校培养出来的是刚入职场的新手,培养的人才是否符合市场的需要还不确定,而企业更多需要的是可以直接上手的毕业生,两者在制定和实现合作目标上就有一定的差异,对专业和课程设置缺少深度调查论证。另外,大多数年轻教师是从学校毕业直接走上教师岗位的,接受的是传统的高等教育,学历层次较高,理论知识丰富,但缺乏企业一线工作的经历,实践技能水平不高;企业兼职教师实践动手能力强,但从操作上却存在很多问题,如企业的工作大都比较繁忙,每个员工都有自身的本职工作,时间保障是最大的障碍之一,另外,来自企业的专家自身专业水平较高而授课的技巧缺乏,往往达不到预期的效果,所以很多学校聘请企业的专家或工程师讲课很多都只是宣传的噱头,多流于形式,而没有实质性的内容。[6]

第三,缺乏有效的合作运行机制,宏观管理和综合协调功能欠缺。

为适应市场的变化和企业的发展,学校要不断地调整教学内容和实践方式,在这个过程中,要找到在不破坏教学的系统性、完整性的前提下与企业开展合作、实现互利双赢的平衡点。而在具体实践中,许多企业在日趋激烈的市场经济竞争中,学校的教学需求是很难被稳定而长远满足的。考虑到利益驱动的客观因素,且政府在具体实施细则方面缺位的环境下,校企合作的双方如果没有法律和制度的约束,将极有可能造成校企双方,尤其是企业方难以从合作中获取应得的利益,从而使校企双方的深度合作好似空中楼阁。由于详尽的计划方案和监控制度保障在政府层面的缺失,企业很难真正融入到学校的科研和教学领域中,这是导致企业方在校企合作中无法真正发挥其应有功能的主要原因。既要能保证学生在培养管理人才的目标、过程、方式等方面掌握必要的技能和知识,还要让每一个学生在这个培养的过程中具备可持续发展力,需要一定的时间。而急功近利是当前很多校企合作项目非常突出的问题。

由于缺乏行之有效的、适合我国国情的"校企合作"运行机制,阻碍了"校企合作、产学结合"培养模式进一步深化发展。西方发达国家的成熟经验表明,要通过政府强有力的宏观调控和相应的法律体系的保障,校企合作的机制才能真正形成。近年来,尽管我国政府为促进校企合作制度的形成也出台了不少政策,但执行起来弹性较大,因为这些条文多属于倡导和鼓励范畴,缺少法律层面上的刚性约束。同时,为培育市场机制,政府在引导企业自主经营、参与市场竞争的同时,却以谨慎态度对待企业参与校企合作。因此,仍旧依赖于学校和企业之间的协作和互动,成为目前为止我国绝大多数校企之间开展合作的窘境。

第四,评价体系和激励机制不完善,政府财政支持不够。

尽管理解校企合作的意义深远,但政府却没有制定具体的激励措施以鼓励企业参与校企合作的发展,一些宏观制度也落实不到位,如鼓励在大型公司集团任职的高管兼任教师、企业邀请学校教师给员工做企业理论方面的培训等方面,政府都未制定相关的法规。大学校长们普遍反映:"从理论的角度来讲,校企合作本来是双方共赢的好事,但在实际操作中没有想象的那么顺利,企业的积极性不高。同时,政府部门在就业市场的监管的缺位,企业用人单位没有执行相关的准入制度。"[7]

当前,在校企合作的评价标准和评价程序等方面,仍未形成广泛的统一认识。这意味着一个科学完备的评价体系仍未形成。尽管在校企合作的实践中也取得了些好的经验,例如,设立企业人力资源建设突出贡献奖,对企业负责人给予物质奖励、授予荣誉;允许企业适当提高职工培训经费提取比例,列入成本开支;对开展校企合作良好、成果突出的学校在资金分配上给予倾斜,在重大项目上给予优先支持等,但这些做法仍无法掩饰相应政策保障缺失的遗憾。当前,如何建立健全对校企合作进行全方位评估的激励机制,如何激发、保护校企双方合作的积极性、主动性,成为我国目前校企合作研究领域重要的一个环节。为推进校企合作的健康发展,发达国家普遍制定了相应的法规作为保障,美国早在1962年就制定了《职业教育法》,明确指出了校企合作是职业教育的方向。而在我国,目前尚没有成文的法律来保障校企合作的实施,我们的校企合作仍处在民间状态,在推进校企合作上还没有上升到立法层面,没有制定配套的可行性政策法规。还有很多时候,政府的功能并没有得到充分发挥,比如在舆论导向上,没有必要的引导宣传,资金投入上远远不够。

三、应用型本科院校校企合作人才培养模式的构建

(一)校企合作人才培养模式构建的分析框架

1. 组织的三要素理论分析

切斯特·巴纳德,是西方现代的管理理论中社会系统学派的创始人。他的组织理论侧重于研究作为协作系统的组织,即人的行为、人的协作关系。他把“组织”界定为有意识地去协调两个以上人的活动或者力量的系统。从这个定义我们可以看出他认为的组织,讲的是组织的实质是什么,即人的行为,而不是组织的形式是什么。他认为,组织就是一个系统,这个系统是一种关系,一种对人的活动、行为按一定方法进行调整的相互关系,这种相互关系是动态的、发展的,是按照一定方法来调整的人的活动以及人的行为的相互关系,它是动态的、发展的,组织这个整体随着系统中的其中两个部分的关系发生变化而变化。他认为组织是协作系统的一个组成部分,组织工作不仅指其组织内部,内部协作关系与外部协作关系同等重要。

巴纳德基于以上认识,把组织分解为三个要素:协作意愿、共同目标、信息交流,他认为,这三个要素是组织得以成立的既充分又必要的条件,这些因素是在一切组织中都存在,组织只能通过这三个要素的组合才能产生、存在。

一是协作意愿。巴纳德给协作意愿下定义为“自我约束,放弃他们的个人行动控制”,它是各组织必须具有的要素。就个人而言,协作意愿是参与一个组织的个人的愿意做某事与不愿意做某事两种意愿权衡之后的结果。就组织来说,协作意愿是组织所收到的利益诱惑与所要付出的代价两者权衡的结果。巴纳德认为,要培养组织成员之间的合作意愿,组织就要提供一定的奖励,这样的奖励可以是物质的东西,如金钱、物品等,或非物质,如声誉、地位、权力等,甚至是一个和谐的环境、表决的权利等;另外也可以通过改变其主观态度来实现。协作意愿的培养不能依赖强制力,而要用灌输的方式使其思想发生转变。

对于校企合作来说,企业选择和不和高校合作,以及选择同哪一所高校进行合作,都体现了其协作意愿。企业选择与一所高校合作,本身在人、财、物方面有一定付出,高校甚至社会就必须在物质、精神等方面提供相当的诱惑来弥补这个付出,这种协作的意愿才能长期地维持。巴纳德协作意愿的培养对高校如何促进学校与企业之间的合作,提高合作的水平是非常有启发性的[8]。

二是共同目标。巴纳德认为,组织成员是否有合作意愿与组织成员是否接受、理解合作目的有很大关系,如果成员不知道合作的目的,合作将有什么样的结果,它将不愿意合作;如果一个组织所定的目标不被接受,那么也不会有好的合作。由此得出对组织目标的接受和协作意愿的产生几乎是同时的,共同目标是协作意愿的必然推论。巴纳德还指出,组织的共同目标,也要随外界环境的改变而不断

改变。

巴纳德提出的达成共同目标理论,告诉我们单靠个人感情维系的校企合作是不能长久的,必须完成资源互补、互惠互利、合作双赢的目标,双方达成共识才是长久之计。并且校企之间的共同目标也要随外界环境的改变而改变。

三是信息交流。巴纳德认为只有通过信息交流才能实现以上两个基本要素,变静态为动态。他认为只有信息交流才能实现协作意愿和共同目标,这对校企合作来说,在合作过程中,高校不仅应想方设法与企业联络,更应努力搭建信息交流的环境。

2. 利益相关者分析

利益相关者概念最早诞生于企业领域。从词义上看,利益相关者是指除了股东外,公司还有其他需要负责的与公司有利害关系的群体。利益相关者理论的主要精神是:受公司利益影响的不仅仅是出资人,而是所有利益相关者,公司治理的目标应是满足多方利益相关者的不同要求,关注公司经营所造成的社会经济和政治影响,使各利益相关者都能参与公司治理,公司决策由各利益相关者合力参与,共同决定。从现代企业的生存与发展看,企业是物质资本与人力等资本的特别契约,企业并非仅仅依赖于股东,而是更多地依赖于利益相关者的合作,为了提高公司治理的效率,就必须平等地对待和保护每个利益相关者的产权权益,具体地讲,就是通过剩余索取权合理分配实现各自的产权权益,通过控制权的合理分配构建一个利益相关者的相互制衡机制,以防范自身权益遭受他人侵犯,从而达到长期稳定合作的目的。所有的受企业影响的利益相关者都有参加企业决策的权利,管理者负有服务于所有相关者利益的信托责任,企业的目标应该是促进所有相关者的利益而不仅仅是股东的利益。

1984 年,弗里曼(Freeman)在其经典著作《战略管理:利益相关者管理的分析方法》中明确提出利益相关者管理理论,强调利益相关者在企业战略分析、规划和实施中的作用;同时认为利益相关者是指那些能够影响组织目标实现,或者被组织目标实现的过程所影响的任何个人和群体。弗里曼的观点受到了许多经济学家的赞同,成为了 20 世纪 80 年代后期关于利益相关者研究的一个标准范式,同时在高等教育等其他领域也不断得到推广应用。

美国的经济学家亨利·罗索夫斯基最早把利益相关者理论应用于高等教育领域内。他在担任哈佛大学文理学院院长 11 年之后,出版了《美国校园文化——学生、教授、管理》一书。在书中,罗索夫斯基提出大学"拥有者"的概念,他认为,人们"拥有"大学就像人民"拥有"国家一样,并特别指出大学的"拥有者"不同于企业的所有者。罗索夫斯基不是在纯经济意义上使用大学"拥有者"这一概念,事实上其所谓大学"拥有者"实质是指与大学有利害关系的人或群体,亦即大学的利益相关者。我国著名经济学家张维迎教授指出,"大学作为一个非营利性组织,是一个典型的利益相关者组织,每个人都承担一些责任,但没有任何一部分人对自己的行为负全部责任。"王连森等人认为大学的管理与发展既依赖于与其利益相关者的联系,又受着这种联系的制约,认识、加强和改善这种联系,可以促进大学的发展。利益相关者的期望和要求规定了大学责任,为大学指明了发展目标;利益相关者的物质和精神付出充实和丰富着大学资源,为大学提供了发展的能力和动力;利益相关者的作用、地位、权利制约和规范着大学制度,为大学创设了发展的机制平台。李福华认为,大学(主要指公立大学)作为一种非营利性组织,没有严格意义上的股东,没有人能够获得大学的剩余利润,每一个人或每类人都不能对大学行使独立控制权,大学只能由利益相关者共同控制,大学是一个典型的利益相关者组织。洪彩真指出大学作为非营利组织,本身便是"利益相关者相互关系的联结",大学的责任就是要维护和满足各利益相关者的利益要求。[9]根据国内外学者的分析,大学具有利益相关者组织的主要特征,是一种典型的利益相关者组织,把利益相关者纳入高校组织管理范畴,将是高校组织创新与发展的必然趋势。[10]

(二)校企合作人才培养模式构建思路

我们认为,本科应用型人才培养直接的主要利益相关者有政府、高校(包括教师、行政管理人员等)、用人单位(主要是企事业单位)、学生个人及家庭和社会(校友、捐赠者、公众以及其他社会组织)等。在本科应用型人才培养中,地方政府更是直接的重要利益相关者,实现地方经济社会快速健康发展必须依靠大量适应地方发展需要的本科应用型人才。人才培养是高等学校的根本使命和存在的合法性基础,承担人才培养的高等学校当然是重要的直接利益相关者。企业等用人单位是本科应用型人才的主要就业单位,是人才培养的直接受益者,在激烈的市场竞争和全球金融危机背景下,企业的战略调整、技术更新、产品升级等都必须依靠实践创新能力强的应用型创新人才。学生个人及家庭也是应用型人才培养最重要的直接受益者,世界银行专家萨哈罗·普勒斯计算了1958—1978年间44个国家教育投资的社会收益率和个人收益率,得出4点基本结论,其中之一是个人的教育收益率都超过社会收益率,尤其是在大学层次。社会也是利益相关者之一,因为高等教育作为一项准公共产品,其外溢性非常明显,高等教育除了具有促进经济增长的功能外,它还有促进社会目标实现的功能。

不同类型的知识、能力和素质结构体系需要有不同的培养过程。传统的理论型人才培养偏重于基础知识教学和理论体系的完整。本科应用型人才是较好掌握基础理论知识和专业知识并能够将理论转化为应用的人才,既有将理论转化为实际生产的能力,更具有应用专业理论分析和解决生产实际问题的能力。应用型人才是面向生产实际的实用人才,培养目标的应用性,决定其培养过程(途径)的实践性。增强专业的应用性就是要使学生所学专业与社会保持密切的联系,必须随社会的发展变化而变化。大学属于学校教育系统,它的培养人才的教育功能具有高效简捷的一般意义,这是它的优势。但它又不具备满足培养应用型人才的本质要求,因而也就不是完备的教育系统。本研究认为不同利益相关者之间应建立“利益共享、责任共担、优势互补”的培养机制,组织包括大学、政府、企业、学生个人和家庭以及社会在内的更大的教育系统,发挥不同利益相关者在应用型人才培养的不同功能,在优势互补的基础上形成教育系统功能的综合优势。

第一,优化专业结构,调整课程设置。

高等学校的专业作为一个系统,同样具有开放性和反馈性,表现为专业的设置与调整需要根据社会需要和科学发展需要加以适时的调整。就业市场的人才需求数量、结构以及人才需求规格信息,是专业设置和调整的重要依据,对专业结构的调整将产生重要的影响。高校必须面向社会办学,按照市场和社会需求合理地设置专业。真正按照市场和社会需要设置的专业能使大学毕业生按照社会需求得到合理、有效的配置,使高校所培养出来的人才适销对路。要调整专业结构,确定合理的专业招生规模,将专业建设与地方经济建设、社会发展的需求相结合,形成互动调节、有效反馈、适度超前的专业建设机制。增设新专业一定要根据学校办学定位、办学特色和地方经济社会发展需求,进行充分的科学论证,避免盲目跟风。始终坚持顺应地方经济建设之所需,努力捕捉地方经济产业布局调整、产业升级及行业企业发展的新动向,科学预测相关专业人才供需状况走向,前瞻性地做好本科专业结构的动态调整。高等学校尤其是地方高等学校,要紧密结合地方经济建设需要,科学运用市场调节机制,合理调整教育资源,积极设置主要面向地方支柱产业、高新技术产业、服务业的应用型学科专业,为地方经济建设输送各类应用型人才。同时,要调整传统专业。随着社会发展、经济转型、产业升级和技术更新,不断有传统产业被淘汰或萎缩。因此,对那些不符合区域经济和社会发展需要,严重缺乏需求基础的传统专业,要停止招生或撤销。对符合区域经济和社会发展需要,但需求数量不大的专业要限制招生或拓展新专业方向。根据学校办学特色和社会人才需求增设新的应用型专业方向,或通过不同学科专业之间的交叉融合进行改造。通过不同学科专业之间的交叉融合,一方面促进传统学科的应用型改造,同时还可以培养复合型人才。

在设置地方本科院校校企合作办学模式的课程中,应坚持“理实一体”的应用性原则,以实际工作要求为目标,以培养学生职业能力为主线,以学科知识为基础,强调工作过程性知识,坚持素质教育,不断开发学生创新能力。应用型本科教育课程设置在类型上按照不同专业对职业能力发展要求和学生实际情况开展专业理论课、社会实践课、专业选修课、专业必修课。在专业理论课中包含学科基础课程、专业基础课程和技术理论课程;在社会实践课程中应涵盖工作能力拓展和技术规范指导课程;在专业选修课程中以完成实际工作项目为课程基础,开发学生的实际动手操作能力和创新能力;在专业必修课中应在开展通识课程或博雅课程的前提下,不断强化学生的专业知识,提升学生的职业道德和人文素养。在理论课和实践课的开设时间上应采用工学交替、顶岗实习的方式,按照不同专业特点和企业行业实际需求开展;在社会用人需求淡季开展专业基础课程,在人才需求旺季开展与专业相关的实践课程。在课程内容设置上,打破传统学科内容体系,运用职业能力模块,由易到难,由简到繁,并且参照企业行业实际岗位需求,按照实际工作内容设置专业课程。合理科学的课程设置能够为激发学生学习专业课的兴趣起到良好的引导作用。

第二,加强校企合作师资的培养和引进。

在教学过程中,专业教师在注重理论教学的同时,又要具有实践操作的能力,加强高素质的拥有"双师"资格的教师群体建设。高职院校的教师理论教师较多,实训教师比较缺乏,各个学校每年都需要派一定量的专业教师以企业员工的身份直接到企业实践。高职院校可以在职称评定方面,对拥有"双师"资格的教师予以适当倾斜。由于学校一般是事业单位,存在事业编制问题,不像企业的用人机制那么灵活,学校引进实训教师受学历限制,如一般最低要求本科,又没能给实训教师提供相应的待遇,很难从企业引进高水平的实训教师,在待遇有差别的情况下,本科毕业的学生又不愿意做一名实训教师,这也是当前实训教师缺乏的一个原因。高校可以多从企业请工程师和技师来学校任兼职教师。学校可以通过教学岗位的培训,为教学经验不足而实践经验丰富的工程师和技师提供帮助,提高管理水平,组成一支稳定的校外兼职队伍。目前由于高校近些年招生规模大大超过以前,师资不足情况还比较严重。各个学校一般聘请大量的外聘教师,这些外聘教师有一部分是企业兼职教师,绝大多数是在校的硕士生、博士生,这些硕士生、博士生很多没有实践教学经验,缺乏系统的学习和训练,授课技巧方面比较欠缺,学校对他们的管理与在岗教师也不同,上课效果不是很理想,学校应尽量少用或慎用。高职院校要深入推进教师团队建设,不断提升教师的执教能力,实施专业带头人是教授,专业教师是"双师"素质教师、青年教师学历较高为主要内容的师资队伍建设计划,提升师资队伍建设水平;通过开展说专业、说课程、课件制作、教案竞赛等活动,提高教师教学能力;鼓励申报"楚天技能名师",构建理论和实践双具备教学团队,提高校内专任教师素质。深化教师聘任制度改革。

不断扩大教师队伍,除了专职教师之外,可从企业适当聘用些有丰富经验的人员来担任兼职教师,这些兼职教师会带来最新的生产技术、职业技能和职业经验,他们可以把这些最前沿的知识传授给学生,有利于使学生熟练掌握专业技能,强化职业意识。聘请企业专家作为旅游管理专业的外聘教师,分别进行专业教学、人才培养方案论证、实训指导、顶岗指导、实训项目开发等教学活动。对于教师队伍建设不但要"请进来",还要"走出去",通过增加国内外进修、参加会议交流、下厂实践锻炼以及主持、参与科研课题等多种方式,培养骨干教师,使他们具有扎实的专业理论知识和丰富的实践经验，使他们掌握企业所需，力争参与到企业的技术研讨中，真正为其解决难题，和企业共同开发科研产品，从而提高教学团队的技术水平和服务能力。

第三，疏通校企合作渠道，建立良性运转机制。

现今绝大多数高校都设立了像校企合作交流处这样的专门负责校企合作的部门，但这个部门所起的作用有限，大多忙于具体的事务性的工作，如举办创业大赛、创业讲座等，企业要与学校合作一般是与具体的院系联系，协商具体事宜，很少与校企合作交流处联系。在具体的实施上，实现校、院级校企合作的主体，重点以二级学院为主，权力重心下移。而对相对宏观的像学校的办学如何定位、怎样确定培养的具体目标、发展多大规模、招生与就业以及师资队伍如何建设等大的问题，需要学校高层管理者做顶层设计，显然一个和二级学院并行的部门远远不能完成任务。因此需要成立校企合作管理委员会，设置在学校决策的最高层。校企合作管理委员会是校企合作的决策中心，其功能是为校企合作提供科学决策。校企合作管理委员会应吸纳教师代表、专业带头人、行业企业专家，通常还要吸纳部分法律人士参加，重点论证各个专业的培养目标以及联系校友资源等。该委员会可牵头组织行业企业专家、学校的专业带头人、企业技术骨干到专业相关行业、企业进行市场调研，考察行业、企业当前及以后需要什么样的人才以及人才规格状况，并将其与人才培养的方案进行对比分析，及时修订不足之处。高校与企业合作的过程中，要平衡双方利益，应注意相互制约的合作，确保双方实现双赢的目标。在校企合作过程中，学校对企业提供的培训教材牵涉其核心技术的要与其签订保密协议，用以保护企业利益，防止企业的技术外流造成其损失，在经过企业认可后方能将有关内容应用于教学。这样做，既保证了企业的核心利益不受侵犯，又同时使教师能够获得新技术、新知识，携手共赢。

在中国企业与高校合作的过程中，更多的时候企业是作为主动方，高校由于其特殊的社会归属关系很多时候都是被动接受合作建议。通过这么多的研究分析发现，合作渠道对企业合作意愿的影响是不容小觑的，保证合作渠道的畅通就可以促进合作的进行。合作渠道其实可以理解为企业与高校沟通的渠道，企业有合适的合作项目是否可以寻找到合适的高校。让合作双方彼此多了解，也可以提高合作效率。疏通合作渠道的方法有很多，例如：①高校加强对外宣传的力度，让更多的企业了解该校的发展历程、专业设置、学术优势等。②企业积极与高校沟通，让高校了解企业的资源需求，这些资源可以是人力、技术、设备物资等，充分合理地利用高校资源。③打破思维局限，校企合作不仅仅是本地区的企业与高校合作，应该大胆地“走出去”“引进来”，结合自身需求选择合适的合作伙伴。④为了将来更多的合作机会，企业与高校应当建立合作伙伴关系，这种合作不是一次性的合作，更多的是强调多次连续的合作。

第四,政府及相关部门要采取有效措施保障校企合作顺利开展。

要同时符合校企双方的利益,确保校企合作顺利开展,仅仅依靠学校和企业是难以做到的,政府及相关部门在协调和支持校企合作方面也起着至关重要的作用。我国目前还没有建立权威、完善的校企合作管理制度,缺乏有效的鼓励企业参与教育和约束企业履行教育责任的相应政策。政策不到位,校企合作的运行就得不到保障;没有保障,校企之间的深度合作就无从谈起。因此,尽快建立适合我国国情的,柔性与刚性相济、激励与约束并施的校企合作制度对我国职业教育的发展起着至关重要的作用。

借鉴发达国家发展职业教育的经验,我国政府首先要通过健全相关法律法规来进一步明确学校、企业、政府及相关部门在校企合作中的责权利关系,确定各方在人才培养、资金投入、基地建设、科技研发等方面的责任,保障各方的合法权益。针对当前校企合作模式中的普遍问题——校“热”企“冷”,这种做法能起到相当大的作用。因为它将企业需要承担的校企合作义务以具体的法律条文的形式固定下来,这对企业来说是一种有力的约束。而且,法律法规的出台也表明了政府对校企合作的态度,这种导向必然会对企业的立场产生直接的影响。同时,政府还要协调好各相关部门的关系,完善相应的监督制度,保证执行渠道的通畅,促进相关法律法规在推动校企合作过程中发挥出最大效力。

制定具有刚性约束力的法律法规,明确企业、学校、政府及相关部门在校企合作中的责权利关系,把校企合作制度化,让参与校企合作成为企业必须履行的公益性义务等,这些做法都是非常必要的。但在当今的市场经济条件下,仅有这些是不够的,因为利益驱动机制是市场经济的基本动力机制,在利益的驱动下,企业作为自主经营、自负盈亏的经济实体,其是否参与校企合作主要取决于合作的实际效果而不是外在的法令约束。如果仅凭法令约束的力量强行将校企结合,那它们必然“同床异梦”,这种“非有机结合”的效果也必然无法保证,更何况法令约束力量的发挥还会到种种条件的制约。因此,要确保校企合作的有效运行和稳定发展,政府及相关部门必须在充分发挥法令约束作用的同时,在资金、信贷、人事、税收等方面对参与校企合作的企业和学校给予强有力的政策支持,使参与校企合作的企业获得更多的经济收益,以此来激发企业支持教育的内在动力,通过利益驱动和机制保障来鼓励企业参与校企合作。例如,下拨专项资金支持实施校企合作的企业和学校,对在资金、人力、设备、场地等方面支持职业教育的企业给予相应的税收优惠或财政补贴,对开展校企合作卓有成效的企业予以奖励等,如此种种,政府及相关部门运用政策手段使企业在参与校企合作的同时,自己的内在需求得到了满足,自身的经济利益得到了保障,可以有效调动企业的主动性和积极性,进而吸引更多的企业参与到校企合作中来。

第五,充分发挥行业协会的积极作用。

行业协会是一种旨在维护行业利益，促进行业发展，协调行业内竞争关系，进行行业的自我协调、自我约束的社会中介组织。其与企业联系非常紧密，对市场信息把握较准确。行业协会可参与到校企合作的过程中，在高校人才培养规格、校企之间双向信息交流、对校企合作过程进行监管等方面发挥作用。首先，高职院校的专业建设是一个庞大的任务，其中离不开优秀的师资、科学的教学标准等内容。行业协会可以帮助学校调整教师队伍，满足行业和企业的需求；制定与专业有关的标准、与课程有关的标准，带动专业的建设和教学的改革。其次，在人才培养模式改革中，行业协会可以与学校深度合作，改革教学内容和方法，制定新的学生评价标准。再次，帮助高职院校订立完善的人才培养的标准。依据专业岗位能力的分析，将专业培养目标优化。最后，合作开发教材等。目前高校多由教育部门主办，教育部门对行业及市场信息的把握远远不如行业协会准确，政府可以考虑让高校回归行业办学的局面。这样可以更好地利用资源，方便沟通，达成合作意愿。

第六，探索新合作模式——“学生—导师—企业”链。

虽然目前已经存在众多合作模式，但仍然有部分高校和企业认为现有的合作模式无法满足它们的需求。针对不同的需求或项目可以变更合作的形式，结合国内外的一些成功经验，不断开拓更多的合作模式。企业和高校应当突破自己，从一两种合作形式发展出其他更多合作形式，比如校企合作原来只是企业委托高校代替其进行科研，并没有其他方面的合作，现在就可以让企业和高校的科研人员组建科研小组共同开展研发、共同组织高校学生活动或由企业资助高校优秀贫困生，将合作的种类向多样化发展。既有的合作模式并不能满足所有企业和高校的需求，探索新的合作形式是企业和高校面临的新课题。针对目前实习基地的一些不足之处，笔者提出了一种改进的实习形式，即“学生—导师—企业”链。

目前实习基地的主要方式是企业从高校挑选一批学生到企业实践，学校和老师并不参与学生的实习体验，也不会评价学生实习的好坏实际上，学校应当将学生实习切实纳入教学，将学生实习的好坏作为衡量教师教学成果的一部分。所谓“学生—教师—企业”链就是一种改良后的校企在学生实习方面的合作模式，这种模式的创新点就是在实习过程中，增添了教师这个要素。[11]作为学生和企业的“中介”，教师将其个人名誉或者说是“资信”作为“抵押”来向企业或其他机构推荐实习学生，每位教师都必须负责推荐几名学生，每名学生由专门的一位教师来进行监督和教育，考虑到有一部分高校老师自己可能无法与企业联系，那么学校或学院就可以为这些老师提供一些愿意与高校合作的企业名单。企业对学生的实习表现进行评价，并将评价信息反馈给学校，这些反馈信息作为教师在日常教学工作中的考评指标，可以对教师有一定的约束力，促使教师监督学生提高实习效率；这种实习学生每年都进行至少一次，学生为了来年能获得老师的推荐，必然会用心努力实习，这样实习效果会更加明显；企业在这种模式中也是受益的，不但可以巩固与高校的关系,招聘的员工也可以缩短适应时间,企业在成本上的受益是明显的。这种合作模式强调校企之间的沟通交流,双方及时反馈信息会使这种模式良性循环下去。

参考文献

[1] 胡希宁,贾小立.博弈论的理论精华及其现实意义[J].中共中央党校学报,2002(2):48-49.

[2] 方德英,等.校企合作创新博弈、演化与对策[M].北京:中国经济出版社,2007:41.

[3] 潘维真.地方性大学人才培养模式多样化改革探索[J].中国大学教学,2005(10).

[4] 魏所康.培养模式论[M].南京:东南大学出版社,2004.

[5] 仝自力.应用型本科人才培养——基于国外校企合作模式借鉴[J].中小企业管理与科技,2013(8).

[6] 李俊俊.对企业与高校合作情况的调查分析[J].科技情报开发与经济,2010(29):179-181.

[7] 李进,丁晓东.产学合作教育研究与探索[M].上海:上海交通大学出版社,2004:223-224.

[8] 苏勇.顶岗实习置换培训——构建师范生教育实习与农村中学教师培训一体化新模式[J].教育研究,2009(8):104-107.

[9] 李福华.利益相关者理论与大学管理体制创新[J].教育研究,2007(7):37.

[10] 洪彩真.利益相关者理论及其在高等教育中的应用之展望[J].广东工业大学学报(社会科学版),2008(1):17.

[11] 吴能表,罗欢.人才培养模式的创新思维与实践[J].中国大学教学,2018(1):51.

民办高校校企合作模式研究——以陕西国际商贸学院为例

孙英敏

（陕西国际商贸学院　管理学院　陕西西安　712046）

摘要:在我国经济社会快速发展,经济结构调整和产业升级,大学发展出现同质化现象,学生就业难等形势下,急需高层次应用型人才。本文结合国内外关于校企合作的成功经验和相关研究,以陕西国际商贸学院为例,研究民办高校校企合作的发展模式。民办高校应充分考虑自己的现状及存在的问题,培养适应地方经济社会发展及产业、行业需要的高级应用型人才。

关键词:民办高校;校企合作;发展模式

作者简介:孙英敏,女,河南濮阳人,硕士研究生,副教授,研究方向:区域经济学、高等教育。

基金项目:1.陕西省教育科学“十三五”规划课题:陕西高校服务“一带一路”人才培养对策研究(项目编号:SGH17H507);2.陕西省教育科学“十三五”规划课题:“一带一路”背景下陕西省高等院校人才培养模式研究——基于耦合理论的分析(项目编号:SGH17H510)。

现在很多高校推崇的“工学结合、校企合作”的人才培养模式大多数都是以本校制定的专业课程标准建设、课程教学方式和内容改革、实训及实践教学基地建设等作为基础的。现在国家大力推动产业结构调整,大力提升数字化、网络化、智能化就业创业服务能力,“以工代学”或者是“以学代工”的这种传统校企合作模式,逐渐不能适应地方经济发展及产业、行业发展的需要。本文首先研究了国内外校企合作模式,结合陕西国际商贸学院的校企合作发展现状,研究民办高校校企合作存在的问题,构建校企合作新范式,对创新校企合作机制进行了有益的探索。

一、国内外校企合作模式

1. 国外院校校企合作模式

(1)德国“双元制”模式:企业(通常是私营的)与非全日制学校(通常是公立的)通过签订合作协议合作培养人才,这种模式将理论和实践有效地结合起来,以期培养专业理论知识扎实、操作能力强并能将理论知识与实践技能融汇贯通的职业技术专业人才;

(2)英国“三明治”模式:将理论学习与实践学习交替进行的方式培养人才,第一年在企业工作实践,然后在学校里完成两年或三年的理论课程,最后一年再进入

企业工作实践;

(3)美国“合作教育”模式:将教室中的学习和工作中的学习结合起来;

(4)澳大利亚技术与继续教育(TAFF)模式:即行业培训咨询机构根据经济发展和产业的需要,根据具体专业细致的能力标准开发合适的课程,继而培训机构和学校配合,有针对性地对学生进行教育;

(5)日本“产学结合”模式:为实现学校、企业之间的有效衔接,最大限度地整合生产企业、学院和政府职能的各方面优势,把企业和学院联合起来共同分析、研究,制定教育、塑造人才的全方位的政策和方案;

(6)新加坡“教学工厂”:在学校内部建立设备完善、环境逼真的教学工厂,学生通过工厂项目的工作来完成专业技能的学习;

(7)瑞士“4 +1”二元模式:瑞士的“师傅带领学徒”的模式是延续了古代劳动人民学徒制的传授手艺的方法,学生以学徒的身份进入到工厂企业里面进行培训学习。

以上几种经典的校企合作模式强调理论与实践的结合,并要求立足本土实际,紧密调节学校和企业的关系,与时俱进,培养符合市场需求、社会发展需要的职业教育专业人才。民办高校应该认真研究各种模式的精髓,结合本地特色,去粗取精,将其应用到学校的发展建设中来。高职院校应该认真研究这些案例,从中吸取经验教训,积极探索适合本地的校企合作模式。

2. 国内常见的校企合作模式

与国外相比,国内高职院校起步较晚,在高教[2006] 16 号文件颁布之后才逐渐开始对校企合作模式的发展探索。目前应用比较广泛的模式有下列 3 种。

(1)“订单式”的人才培养模式:企业和学校签订培养协议,双方共同培养“适销对路”员工的一种模式;

(2)“2 +1 式”模式:学生入学后前两年在学校里,根据课业的设置和要求,学习专业理论知识,第三年再到企业实际上岗实习;

(3)“工学交替”模式:把整个学习实践过程按照从入门到熟练的过程分步骤安排学生进行理论和实践的练习,让学生在学校的知识学习和实际操作实现循环往复的交叉。

二、陕西国际商贸学院“校企共育、工学结合”合作现状

陕西国际商贸学院是由我国著名中药企业步长制药主办的。自 1997 年建校以来,学校充分发挥企业办学优势,办学规模逐步扩大,办学层次不断提升,已为社会输送各类人才 4.6 万余人,为区域经济社会发展作出了积极贡献。

2015 年,通过了国家教育主管部门的本科教学工作合格评估,教学条件得到极大改善,教学质量和人才培养质量稳步提高。为了进一步提升办学质量、促进内

涵发展,学校在与企业合作办学的基础上,广泛扩大合作领域,开拓合作视野,开展多项改革探索。

学校与同类民办高校合作,在相互学习交流中,坚持“以人为本、校企共育、工学结合”的办学理念;围绕就业和产业服务,学校借助步长品牌优势和产业资源,与SYKES(美国赛科斯企业集团)、百度糯米、志成丽柏酒店、天朗时代大酒店、香港唐宫饮食集团、武功电子商务产业园、陕西好管家财务管理有限公司、陕西乐华欢乐世界文化发展有限公司等国内外30余家企业建立了合作伙伴关系,培养学生实践动手能力、创业创新能力。学校利用步长制药得天独厚的条件,依托企业资源,先后与步长制药公司11个事业部建立了稳定的实习基地,合作建设实验室、中试车间和实训室。现已建成药品生产实践基地、药品流通实践基地、中药实践基地、医院制剂实践基地;与西安昊龙黄金、蓝田鼎华玉雕、陕西戴梦得等6家企业,共建7个珠宝玉石实验室和4个校园示范店,为学生的课内实训建立全真的实践场所。学校与雅戈尔集团服装控股有限公司、陕西天地合和奥达物流运营有限公司等知名企业开展实质性合作,为学生的实践教学提供有力保障。

三、民办高校校企合作模式存在的问题

陕西国际商贸学院是一所民办高校,经过多年的探索,“校企共育、工学结合”的校企合作模式在合作意识、合作规模、合作成效等方面有了一个良好的开端,但在具体实践过程中和其他民办高校一样也存在以下4个问题。

1. 学校和企业之间的合作关系不够紧密

部分合作企业开始交涉、洽谈时,都说自己企业实力如何雄厚,但签约后,它们既不能提供日常实训的指导,又不愿意在寒暑假给学生提供实习的机会;合作企业是否能开展更深层次的、更长时间的合作不明确。一些企业还没有充分认识这种合作方式,导致合作还只是停留在表面上:一是学校按照企业人才需求培养企业需要的人才,简单说就是成为企业用工培训的机构,而忽视了学校教育的本质;二是合作只是停留在简单的层面上,而缺乏对应用技术的合作,久而久之,这些企业销声匿迹了,实训也无下文了,有始无终。

2. 合作企业与学校专业建设、学生专业综合能力应用提高无关

首先,不管合作企业与学校目前开设的专业有无关系,都笼统地、盲目地加以合作;其次,对合作企业能锻炼在校学生哪些方面的知识能力不能准确地加以定位,只要合作企业能提供一个实习实训的场所就行;再次,合作企业对学生的专业综合能力应用提高是否有多大帮助不加调研,只要能完成某一专业教学计划中规定的实习实训教学任务就行。这就造成将一些专业性强的学生安排到合作企业的生产流水线上去,而生产流水线上的机械的、程式化的工作方式可能与该专业建设毫无关系。

3. 合作过程中的评价机制还不健全

现阶段在开展校企合作过程中,缺少整体布局,有的虽与企业签订协议,但学生在企业学习的内容与自己在学校所学专业知识相背离。合作中的企业提供给学生实习的岗位忽视与学生专业特长的结合,导致学生在实习中没有机会进行专业知识的学习。造成此种问题的根本原因就是评价机制的不健全,目前学校对实习学生的评价主要是根据学生的实习课时,而缺乏对具体实习岗位的要求。同时在实习阶段,学校、学生以及企业之间缺乏相互沟通与协调机制,导致合作中出现偏差。

4. 办学观念存在偏差

目前学校的人才培养仍然遵循以前普通高校培养的"老路",出现办学特色迷失、贪大求全以及千篇一律等问题。学校现有人才培养模式存在的问题主要表现在:在办学理念上,办学目标定位不准,重"专才"轻"综合素质"、重"传承"轻"创新"、重"口号"轻"特色"、重"基础理论"轻"实践";在专业设置上,缺乏特色和针对性,在教学实践上,经费投入不足,有针对性的职业技能实训教学缺失;在教师队伍建设上,师资队伍结构不合理,在教材选用上,缺少适合技能培训的书籍,教学内容缺乏针对性和实用性,职业特征不够明显;在教学模式上,教学方法、教学手段陈旧、落后;在考试考核评价上,"应试教育"手段明显。

四、创新校企合作模式,促进民办高校发展

随着我国高等教育改革形势的发展,探索适应当前经济发展和市场经济国际化需要的校企合作模式,为应用型高等学校实施校企合作人才培养的深化提供了良好的发展环境。所以民办高校应充分考虑自己的现状,紧紧抓住立德树人,培养适应地方经济社会发展及产业、行业需要的高级应用型人才这一主线,改革校企合作模式,促进校企合作。

1. 利益驱动,合作共赢

企业经营的目的是实现利润最大化,企业愿意进行校企合作,注重利益是第一驱动力。目前学校签订校企合作协议,更多关注的是自身利益,如实践教学、科研创新、创业就业方面,但对企业的核心利益关注不够,没有过多考虑企业的目的,很少为企业解决实际问题。在校企合作中,学校应明白学校对企业的依赖性更大,校企合作一旦取得实效,将会促进产学研融合,促进学生高质量就业,促进学校高水平办学,学校将是最大的受益方。因此,学校应对校企合作精准定位,考虑合作利益重新分配,平衡校企双方利益;将校企合作项目与科研项目同等对待,对校企合作项目进行资金配套投入,比如按照企业与学校 1:1 的比例投资。学校投资主要用于企业管理费、培训费、奖励项目承担学院及给予学生实习补助,真正实现风险共担,利益共享。这样既能从根本上避免出现校企合作"一头热一头冷"的现象,

也能促使校企双方形成直接的利益关系，实现双向约束，从而保证校企合作项目高效运行。

2. 量化校企合作内容指标

为了避免校企合作停留在表面，出现问题后又缺少正常的解决途径，学校应高度重视校企合作内容，规范学校、企业和学生三方责任和权利，明确校企合作的实质性内容。考虑到对学生正常利益的维护及日常行为的约束，校企合作应将学生作为能够独立承担法律责任的一方纳入其内，构成三方当事人，而不是通常情况下的校企两方当事人。尽可能量化一些指标：企业不能只是提供一个实习或实训的的场所就万事大吉，提供的岗位要能真正提高学生的专业综合应用能力；学生在实习期间必须真正完成某一专业教学计划中规定的实习实训教学任务；学校应严格筛选校企合作企业，规定合作的具体事宜。

3. 完善监管和评价机制

校企合作一般是学院在前方，学校在后方，这种模式有利于发挥学院在校企合作中的积极性和主动性。然而，目前存在的问题在于学校对校企合作评价不到位，校企合作成为学院工作中的亮点，但是双方签订合作协议之后，对于双方有没有进入实质性合作阶段，学校对此不够重视。学院与企业之间“微妙”的关系导致校企合作严重缺乏制度保障。虽然校企合作名义上是学校与企业之间签订合作协议，但真正合作的是二级学院与企业。如果以合作协议书为准，通过现有的法律途径，实现学校对二级学院和企业的监管是切实可行的。为了对校企合作进行监管，特别是对投入资金进行监管，学校应设立校企合作专门的监管部门，由该部门负责校企合作项目的备案和日常管理，制定校企合作考核与评价办法，督促校企合作进度，监管校企合作质量，确保投入资金合理使用。校企合作监管部门将校企合作项目纳入学院的年终考核，对协议书中的量化指标进行定量考核。同时，对学生和企业的满意度进行调查，定性和定量分析校企合作的效果。

4. 促进“双师型”教师队伍建设，加强产教融合

学校应根据教师队伍中青年教师比重较大的实际，依托合作企业开展青年教师在岗培训，推荐、鼓励在校青年教师下到企业，利用寒暑假分批分次到企业挂职锻炼，参与技术改革，及时了解和掌握企业生产发展的最新动态，更新知识技能结构。通过在企业生产一线的实践，教师找准市场需求与课堂教学的契合点，丰富教学案例，提升专业水平和实践教学能力。同时，学校结合应用型办学定位，从合作单位引进双师双能型人才，改善教师队伍结构，促进“双师型”师资队伍建设。

实现产教融合，鼓励教师与企业广泛开展横向项目合作。以横向课题项目为契机，把企业搬进校园，让在职教师和学生一起真正深入到企业实习培训，根据企业的实际需要统计科研项目，为企业解决实际面临的困难出谋划策，和企业协同育人，服务产业结构调整，服务产业升级。

5. 转变观念,切实提高学生实践应用能力和创新能力

学生是学校和企业之间的桥梁和纽带,扮演着十分重要的角色。通过校企合作,深入考查企业用人标准,进一步明确人才知识、能力、素质的基本要求,依据产业行业用人标准确定人才培养目标,构建课程体系,选择教学内容以及人才培养模式。学生的能力水平是检验校企合作成效的最高标准,能否真正提高学生实践应用能力和创新能力是校企合作的关键环节。在校企合作过程中,学校选择学生去企业实习实训掌握了主动权。但学生最终是在企业实习实训,企业对这些学生的要求就不可能像对自己的员工一样,企业和实习实训学生之间应签订协议书,在学员培训和实习期间由企业对学生严格按照实习生的要求实施日常管理,学生严重违反管理规定,学校承担连带责任,以此加强对学生的管理,使学生能够真正融入企业,加深学校、企业、学生之间的深度融合,切实提高学生的实践应用能力和创新能力。

综上所述,民办高校进一步做强做大,只有把握机遇,发挥优势,深化校企合作,优化校企合作模式,服务社会,才能使民办高校的社会化功能迅速体现,服务区域经济,为地方社会经济服务,产生其应有的经济效益和社会效益,并最终实现民办高校的自身价值。

参考文献

[1] 夏绘秦,周维. 论民办高校的办学定位[J]. 陕西国际商贸学院学报,2018(4):43.

[2] 胡平,夏东盛,张小洁. 基于“协同理论”的校—校—企融合发展模式研究[J]. 机械职业教育,2017(10):48-50,59.

[3] 马红娟. 新形势下高职院校校企合作发展模式研究[D]. 石家庄:石家庄铁道大学,2017:13-17.

[4] 彭梦娇. 应用型本科高校产教融合的研究——以重庆科技学院为例[D]. 重庆:重庆师范大学,2016:22-23.

[5] 李红. “产教融合、校企合作”下的创新应用型人才培养[J]. 陕西国际商贸学院学报,2017(2):23.

[6] 何海艳. 职业院校校企合作本土化的研究——以湖南省示范性高职院校为例[D]. 长沙:湖南师范大学,2012:13-18.

民办高校构建"政校行企"四方联动人才培养模式探析
——以陕西国际商贸学院为例

花卉
（陕西国际商贸学院　管理学院　陕西西安　712046）

摘要：民办教育不仅对实现教育公平具有一定的积极促进作用，同时，它让社会对教育的选择更加多样化，提高了教育效率。近些年来，对民办教育的关注点又集中于如何提高人才培养质量，而这一点又依赖于人才培养模式的创新。本文以此为契机，通过构造"政校行企"四方联动的新型人才培养模式，进而增强学生就业创业能力，达到全面提高学校服务区域经济社会发展和创新驱动发展能力的目的。

关键词："政校行企"；四方联动；人才培养模式

作者简介：花卉，女，陕西省咸阳人，硕士研究生，讲师，研究方向：区域经济学、教育学。

2005年，教育部、国家发改委、财政部发布《关于引导部分地方普通本科高校向应用型转变的指导意见》（以下简称《指导意见》）。《指导意见》提出了引导部分普通本科高校向应用型转变的14项主要任务，包括明确类型定位和转型路径，加快融入区域经济社会发展，抓住新产业、新业态和新技术发展机遇，建立行业企业合作发展平台等[1]。高校把办学思路真正转到服务地方经济社会发展上来，转到产教融合校企合作上来，转到培养应用型技术技能型人才上来，转到增强学生就业创业能力上来，全面提高学校服务区域经济社会发展和创新驱动发展的能力。在此政策背景下，陕西民办高校怎样有针对性地培养适合社会需求、经济发展的对口人才，提高自身的市场竞争力，成为能否持续发展下去的关键；本文试图立足于当前新形势，从"政校行企"四个角度构建应用型人才培养模式体系。

一、陕西民办高校人才培养模式现状

陕西是国内民办院校发展较强劲的省份之一，其中，民办本科普通高校有9所，它们在陕西实施科教兴陕和人才强省战略过程中扮演了重要角色，发挥了重要作用，作出了重要贡献，既补充了社会急需的教育资源、缓解了政府公共财政压力，也较好满足了公众对教育服务的多样化需求、推动了陕西高等教育体制机制的创新、增强了陕西高等教育的生机和活力。

（一）培养目标

陕西6所具有代表性的民办高校，即西安外事学院、西安培华学院、西安思源学院、西安欧亚学院、西京学院、陕西国际商贸学院，大多注重培养技能型、应用型的人才，特别强调对学生动手能力、实践能力的培养。

各民办高校依据自己的办学特色和区域特点的发展侧重有所不同，其培养方案和培养目标有一定的区别。如陕西国际商贸学院就根据自己学校的特色，以培养经济社会发展需要的高素质应用型人才为目标，建立以提高实践应用能力为引领的人才培养流程，强化产教融合、协同育人；构建能力本位和三个对接（专业链与产业链对接、课程内容与职业标准对接、教学过程与生产过程对接）为核心的应用型人才培养方案，提高人才培养方案的3个符合度（目标与社会需求的符合度、人才培养方案与培养目标的符合度、培养结果与人才培养目标的符合度）。另外，以校企合作、工学结合为主要途径，全面推行产教融合、校企协同育人，紧密依托行业企业创新人才培养模式，突出应用型人才培养特色，加强实验、实习实训环节，提高实验、实习实训课时比例，构建实验、实习实训环境，形成校企一体、产学研一体的实践教学体系，建立实习实训质量保障机制，培养高素质应用型人才。

（二）专业设置

从专业设置来看，民办高校优质师资、实训条件大多高度集中于相关专业群，专业设置灵活度高，在一定程度上缓解了资金相对匮乏的问题。另外，调查发现这些高校均能根据陕西省行业企业发展需求设置市场需求量较高的专业，毕业生“出口”顺畅，这些专业集中了各民办高校的优质师资、实训力量，具有相当的竞争力。但是这些专业多为短线专业，稳定性较差，虽然符合民办高校的利益要求，但受第三产业发展的影响较大，不利于专业长远健康发展。

（三）师资队伍现状

陕西国际商贸学院师资队伍是由专职教师和兼职教师共同组成的。调查显示，学院以自有教师培养为重点，加快青年教师的成长进程。在该校313名自有教师队伍中，40岁以下的261名，占总数的83%，师资队伍能力、结构、数量尚不能满足学校发展的需要，学历、结构和年龄呈现明显的结构性矛盾。一是学历层次偏低，本科学历的青年教师占自有教师总数的44.4%；二是年龄结构失衡，该校教师呈现“两头大，中间小”的特点。年轻教师多，但却承担较多的学校教学管理任务，大都既从事课程教学工作，又兼管思想政治工作，有的还承担学校行政管理工作。

（四）教师聘任现状

学院目前对教师实行择优录用的聘任制。一方面，学校有聘任、解聘、继续聘任或不再续聘教师的权力，使得教师在民办高校任职期间缺乏稳定感。另一方面，由于存在人事关系、职称评定、各项保险等方面的后顾之忧，许多青年教师将民办高校作为其职业生涯的“跳板”“实验实习场所”，经过一两年的工作经验积累，一旦找到更理想的工作，就会毅然辞职，造成该校每年都有大批“老”教师离开。

二、陕西民办高校人才培养模式存在的问题分析

从培养目标、培养制度、培养过程和人才培养质量监控评价的角度来看陕西民办高校人才培养模式，发现还存在不少问题，以下结合陕西民办高校最有代表性的培养目标和培养过程两方面存在的问题具体展开。

（一）培养目标

目前陕西省民办高校的人才培养目标多定位在应用型、技能型人才，符合社会经济发展需要，这些培养目标既有优点，但是也有一些不足，如民办高校的培养目标趋同，较同质化。在办学的类型、层次上区别度不大，特色不是很鲜明。而且民办高校也不能一味追求学生的全面发展，而应在夯实专业素质和培养过硬实践能力的基础上，加强对学生文化素养和艺术素质的训练。

（二）培养过程

1. 师资队伍不稳定

产生这种不稳定的因素有两个方面，一方面，公立教师的待遇、资源及津贴等要明显优越于民办教师，学校花大把的时间、精力与资金培养教师，等这些教师成长起来后，在遇到更好的进入公立教育机构的机会时，就跳槽了，导致了学校教师资源的不稳定以及投入的低回报，所以学校反而更愿意聘请稳定的校外兼职教师。因此，要从根本上改变这一现象还任重道远。

另一方面，民办高校的专职教师任务极其繁重。有的教师不仅担任教学任务，还承担各项行政工作，甚至还充当班主任及承担管理班级的日常生活的任务，所以不能深入钻研本职业务，存在本末倒置的现象，教师也对工作的繁杂性苦不堪言，因而导致部分教师产生了“跳槽”的想法[2]。

2. 课程设置未突出实践性

课程设置对人才培养的质量至关重要。有的民办高校在课程设置上过于追求综合性，而缺少对专业特长的培养，大多追求短线热门专业，如计算机、经济、英语、管理类等，并没有建立自己的优势长线专业。

民办高校应多针对学生动手实践能力的培养，在专科及本科层次开办工商管理的课程就不是很恰当，应相对多地开展一些工商类的实务课程，比如：物流管理、市场营销等。因为学生在进入社会后，一般都是在工作的第一线，而非管理岗位，应在学生实务课程掌握到一定程度以后，再进行管理知识的基本储备和训练，不能主次混淆。

另外，一些课程的设置应兼顾地方经济特点。通过调研发现，大部分学生对纯理论性课程缺乏学习热情和兴趣，课堂状态也因此受到影响，上课睡觉、玩手机、看小说等现象普遍存在，然而相较而言对于找工作有用或是对提高专业技能有帮助

的课程大多数学生却表现出较为良好的学习态度和积极性,可见他们的学习动力是建立在兴趣之上的,体现在课程方面则集中在实用型课程领域。

3. 未注重对学生情商的培养

从民办高校的生源情况我们可以得知,这部分学生大多文化基础相对薄弱,理论学习的能力不强,自控能力较弱,没有养成好的学习习惯,自信心不够。通过调查我们也发现,民办高校的学生动手能力、社交能力都比较强,口头语言表达能力也很好,在学校的各种文艺活动,比如演讲比赛或文艺比赛中,都表现得非常活跃。学校应从这一实际情况出发,设计一套适合自己学校生源情况的心理建设方案,让民办高校的学生拥有良好的心态和心理素质,以面对社会的竞争。因为民办高校相对普通公立大学收费都较高,对于普通家庭来说确实是一笔不小的开支,不要让这部分学生形成花钱买教育的急功近利的心态。

三、陕西民办高校四方联动人才培养模式体系构建对策

陕西民办高校学生与公办院校学生相比,在综合素质、知识基础、学习的自主性等方面普遍较为欠缺,因此,公办院校在教学、人才培养模式方面的方式、方法并不全适用于民办高校。结合上述分析有如下针对陕西民办高校学生学习自主性提升的建议。

(一)"校—政"体系构建

"校—政"结合体系,即政府和企业等教育、科技、人才的供给方和需求方,整合各自的资源优势,为实现自己的发展目标自愿进行合作,旨在强调资源共享、优势互补和战略合作,使教育与产业紧密融合,使教育为产业发展作出更大贡献,反过来,使产业发展为教育发展提供更多的动力支持和资源支持。

结合陕西省六所民办高校发展情况,提出以下"校—政"模式构建办法:各民办院校在开设专业过程中尽量与政府相关机构对接,实现资源利用和整合。即与政府协同育人,政府财政大力扶植新专业,使相关专业与政府主管部门挂钩,如陕西国际商贸学院:物流专业与西安市交通局对接互动。这样在专业建设和专业发展上会走得更为长远。

(二)"校—行"体系构建

与地区行业协会建立良好关系,开发区域性资格认证。民办院校无论是在办学历史还是在办学实力上都与公办院校有很大的差距,开发区域性资格认证不仅能够扩大学校的知名度和影响力,还可以提升学校相关专业的权威性,因此,相关院校可以聘请原行业老专家任学院领导或专业负责人,一方面可以帮助相关院系打造新专业,另一方面则可以提升专业知名度。

(三)"校—校"体系构建

与其他知名公办院校合作育人,可以开设相应订单班,如:深圳职业技术学院

酒店管理专业与西安交通大学、南开大学合作培养酒店管理高端人才，学生一到二学期在本校参加专业基础课程学习，三至四学期赴相关合作院校进行专业课程学习，五至六学期赴相关订单单位进行实习、实践。学生不仅能跟名校名师学习相关课程，同时也能贴合企业实际，真正满足企业所需。

（四）“校—企”体系构建

在调研过程中发现，这6所有代表性的陕西民办院校都逐步注重与企业的多方合作，有的就是企业办学，在相关专业课程及实习实训课程设置方面，近些年来都逐步加大了实践学时的比重，甚至上升幅度较大，说明陕西省民办院校当前也非常注重服务地方经济这一办学目标，尽量满足企业用人需要。而在学生实习环节6所院校都很难安排学生进行大规模校外集中实习实训，企业也没办法吸纳大批学生前来实习。因此，学校可以考虑吸引企业进校设立实习平台，一方面学生可以给企业带来经济效益，另一方面，学生不出学校就能在“家门口”实习。做到这一点还需要各个学校花大力气吸引企业，挖掘学校与企业联系的各种通道，最后，专业选修课与企业实际需要相对接，进一步拓展学生对相关专业知识的运用能力。

（五）加强校内课程体系建设

1. 课程设置以实务类课程为主

陕西民办院校专业课程方面应加大实务类课程比重，教师讲授不超过1/3，讲授过程应辅助案例教学、模块化教学、多媒体教学、翻转课堂等新型教学模式，并加大与实操性环节的关联，这一点可以结合当前市场或企业要求来设置，教师在授课过程中可结合各模块要求布置学习任务，设定合理的学习目标，让学生通过自我检验、自我实践来完成，这样不仅能提高该阶段学生学习的效价，同时也能提高学习该知识的期望值，激励的力量就会极大地提高。另一方面，开设传统理论课程应注重课程间的融合性，传统的独立课程可作为事务性课程的某一模块，以任务的形式带动学生学习的驱动力[3]，这样可以避免“填鸭式教学”“学完后什么都不知道”的现象。

2. 合理利用激励反馈机制

学校在制定人才培养方案之初应兼顾学生整体素质水平和专业要求，如是否一定需要获得相关资格证书才能够毕业、期末成绩构成比重如何等。必要时应征求相关专业学生的建议。另外，每学期末学校可结合学生的学习情况进行点评或反馈，以便学生及时调整学习策略或方法。

3. 以相关资格证书和学习成果为契机提升学习自主性

通过校企结合，学校和企业可将有关资格证书授予那些综合素质和实践技能高的学生，学生毕业后持“三证”，作用相当于优先就业资格证书。学习成果奖励主要是针对在学业上有突出表现的学生，在物质上给予特殊奖励，如：多次获得各类奖学金、发表优秀论文（论文级别学校可事先准确要求）、发明专利、考取相关专业证书(难度要适当)。这些方法在运用过程中应注意“多管齐下,难度适当,持续激励”的原则。

4. 改革传统考试形式

民办高校人才培养的定位更应侧重于应用型、技能型人才,传统的考试制度不能完全体现一定阶段学生对所学知识及技能的运用、操作,因此,针对学生的考核也应结合相关专业人才培养方案要求进行,应侧重于对学生所学该门课程相关知识的应用、实际解决问题能力的考核,考试形式也可倾向于多元化、简单化[4],如:实务类课程可提交课程调研报告、策划书等,电子商务相关课程可倾向于上机操作(机试打分)。即便必须要采用传统命题方式也应立足于降低试卷命题难度,加大客观题比重(尤其是针对专科学生),让学生轻轻松松考试,扎扎实实实践。如:深圳职业技术学院在学校“十三五规划”中取消纸质考试,制作题库,网上考试,涉及五种题型即单选、判断、连线、排序、填空。

参考文献

[1]杨希. 三部门联合印发《关于引导部分地方普通本科高校向应用型转变的指导意见》[J]. 陕西教育(高教),2015(12):33-35.

[2]周海涛,郑淑超. 民办高校教师工作能力现状及其对教学效能感的影响分析[J]. 西北工业大学学报:社会科学版,2018(3):28-38.

[3]高晓霞. 新建本科院校创新创业教育课程建设与教学环节的问题分析[J]. 农村经济与科技,2016(6):249-251.

[4]张利. 民办高校应用型人才培养的路径探索——以郑州财经学院为例[J]. 高等教育(课程教育研究),2018(24):2.

应用型本科院校“校企合作”人才培养模式探析

赵丽
（陕西国际商贸学院　管理学院　陕西西安　712046）

摘要:本文在分析校企合作人才培养必要性的基础上,指出应用型本科院校在校企合作人才培养方面面临“政策法律保障缺失”“管理制度缺失”“模式与内容不完善”三个方面的挑战,并在此基础上从宏观和微观两个层面,提出高校、企业和政府共管共建的校企合作人才培养模式建议,旨在校企深入合作助推产学研进一步融合。

关键词:人才培养;应用型本科;校企合作

作者简介:赵丽,陕西国际商贸学院讲师,硕士,研究方向:物流系统优化。

2014 年,国务院印发《关于加快发展现代职业教育的决定》,提出普通本科高校向应用技术型高校转型发展。2015 年,教育部等三部委印发《关于引导部分地方普通本科高校向应用型转变的指导意见》,进一步要求地方普通本科高校转型发展。文件明确指出普通高校尤其是地方普通本科高校,应当以培养应用型技术技能型人才为主要目标,全面提高服务区域经济社会发展的能力。这种转型必然导致办学思路、办学定位和办学模式的调整。

一、地方应用型本科院校校企合作的必要性

1. 校企合作是优化教育资源和市场化办学的必然选择

校企合作是高校和企业在教学、科研和生产等方面密切合作的新型教育模式。这种模式改变了高校仅靠自身力量办学的传统思维,将企业拥有的社会资源融入到高校的产学研工作中,优化了高校——尤其是办学实力不强的地方高校的教育资源。在这种市场化办学模式下,应用型本科院校的人才培养在无须大规模投入的前提下,无论是在课程体系更新、师资力量充实,还是在教学软硬件的配套上,都能更好地贴近市场的需求和变化。

2. 校企合作是应用型本科院校内涵发展的必然方向

地方应用型本科高校大多具有办学时间不长、师资力量薄弱、教学硬件建设滞后、社会影响力不强等先天劣势,这也决定了其在未来相当长一段时间将以内涵发展为根本方向的基本定位。搭建校企合作平台,企业可以为高校输送具有丰富实践经验的师资,共享实习实训的场所及设备,共同完善人才培养方案,提供毕业生就业岗位。这样缓解了高校自身软硬件投入的不足,提高了人才培养质量,进而提

升了办学影响力和内涵。

3. 校企合作是应用型本科院校服务区域经济的必然要求

“地方性”是应用型本科的基本定位之一,这就意味着应用型本科人才培养应当服务于地方经济建设,以满足地方人才需求为己任。开展校企合作,可以将人才培养由传统盲目的“输出”转变为校企“共同培养”,即地方企业与高校共建专业、共享教育资源和教学平台,培养的合格人才直接向企业输送。这种方式实现了校企之间的深度融合,将企业的用人需求与专业的人才培养有机结合,提高了人才培养的“地方性”“实用性”,更好地满足了企业的用人需求。

二、地方应用型本科院校校企合作人才培养现状

校企合作是高校与企业的合作,是一个互利共赢的过程。但现实中往往是学校一头热,企业大多扮演着被动的角色。企业作为市场经济的主体,其以营利为主要目标的本质决定了其在校企合作中表现出更多的功利性,造成了“学校热、企业冷”的尴尬局面[1]。从深层次来看,企业之所以不温不火,还有宏观政策和微观管理等一系列问题。

1. 校企合作法律规定与保障政策缺失

在我国,从中央到地方虽然连续颁布了一系列政策性文件,鼓励校企合作、工学结合、产学研联合,但是这些文件更多的是停留在宏观层面,大多没有落地或者转化为具体的指导性意见,更没有上升到法律层面,造成这些文件的纲领性大于实际意义。备受推崇的德国“双元制”教育模式,就是以“联邦职业教育法”的形式明确学校、企业以及作为第三方的“行会”的地位,规定校企各自承担的课程比例,明确企业采用联邦职业教育所编制的技能模块,并将学生在企业的身份界定为学徒,由“行会”和学校共同组织考试,最后学生获得“双证”毕业。所以说,校企合作是一项系统工程,如果没有专门的法律界定校企双方的权利义务,没有设置第三方监管机构,没有财政、税收、教育、人事等相关的保障性政策,这种缺失就必然会造成校企合作的不深入、不稳定。

2. 校企合作管理制度与规范缺失

校企合作不是简单的顶岗实习、见习,应当融入应用型本科人才培养的基本目标,既要在学习内容上弥补校内理论知识的不足,又要在能力体系上满足企业的用人需求。在过程上要将理论与实践融合,突出应用性;在结果上要将人才培养与社会企业的用人需求融合,突出就业导向。现状是,学校往往是校企合作的发动者和计划的制定者,企业被动接受和选择性地执行。结果是,实践教学计划与实际工作岗位不一致,专业的人才培养与企业的用人需求不一致。较为突出的表现是“实习”与“学习”的脱节:学校希望学生通过“实习”来“学习”,但企业往往只关注“实习”(即工作和生产本身)而忽视学生的“学习”,实习环节因为没有严格的培养方

案约束，没有系统的管理制度约束而流于形式。这些现象深层次的原因就是校企合作管理制度与规范的缺失。

3. 校企合作模式与内容不完善

一是校企合作缺乏稳定性。在没有法律和制度的约束下，企业缺乏主动参与的激励因素，校企合作大多依赖人脉关系维持，缺乏稳定的合作平台和协调机制，合作往往具有短期性和不稳定性。二是合作方式单一且流于形式。实践中常见的校企合作就是参观实习并辅以一些业务讲座和培训，这种方式之所以得到广泛应用是因为操作简单、成本低、学生覆盖面广、企业易于接受。但是这种实习方式往往是走马观花，因学生无法深入而缺乏实效性。三是校企合作层次不深。表现为学校的实习计划安排与企业的用人时间不匹配，企业的实践教学内容与学校的实习目标相脱节，其深层次的原因主要是校企双方没有做到真正的深层次融合，仅仅是在原有的教学计划和生产计划中将实习工作生硬地安排进去，导致“夹生饭”。四是实习内容不“专”不“精”。实习中学生往往“看得多、听得多、做得少”，即使有操作的机会往往也是简单的生产性作业，缺少基层岗位的管理、规划和解决实际问题等实践机会。

三、地方应用型本科院校校企合作人才培养模式构建

地方应用型本科院校转型发展是一项系统工程，仅仅依靠高校自身的力量显然难以实现。这一过程既需要政府宏观层面的引导，也需要高校、行业企业和政府职能部门从微观层面执行和推动（图 1）。

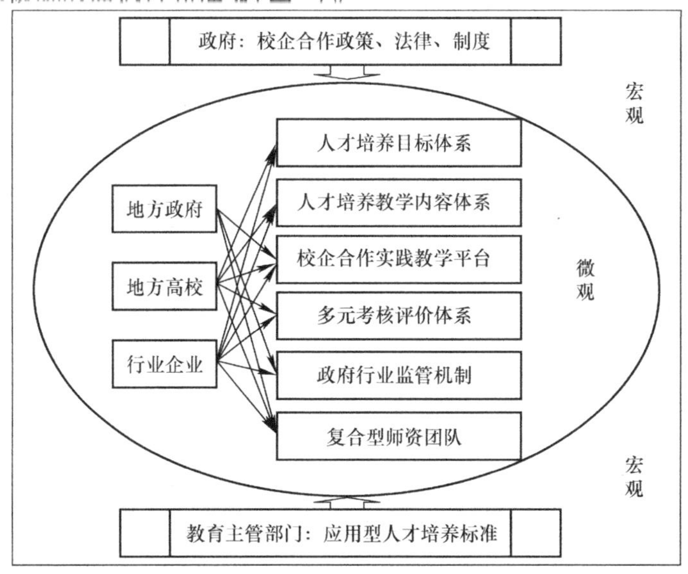

图 1　地方应用型本科院校校企合作人才培养模式构建

1. 宏观层面

地方应用型本科院校转型发展既是高校自身发展的需要,也是国家与社会发展的需要。如前所述,校企合作政策与法律的缺失已经造成校企合作难以深入和流于形式。因此,从宏观层面来看,政府作为高校的办学主体,应当将校企合作提升到更高层面,在借鉴国外先进经验的同时结合我国的实际,出台一系列法律和制度,明确校企合作中政府、高校和行业企业的权责并配套相应的保障性政策,自上而下地推动校企合作。此外,各级教育行政部门应当在充分调研的基础上制定地方应用型本科高校的人才培养标准[2],为监督和指导人才培养过程以及质量评价提供依据。

2. 微观层面

从微观层面来看,构建校企合作人才培养模式需要政府、高校和行业企业三方的共同参与。

(1)贴合行业发展和地方产业需求确定人才培养目标。

人才培养目标的制定,不能脱离行业的发展和当地产业的需求,否则,培养的人才既没有"实用性",又没有"地方性"。以物流产业为例,它是支持国民经济发展的基础性和战略性产业,当前处在快速发展的时期。2014 年,国务院制定《物流业发展中长期规划(2014—2020 年)》,明确了物流产业"十三五"期间的发展方向。物流管理专业应当迎合产业发展的方向,定位为培养满足专业化、信息化、一体化、国际化需求的现代物流人才。此外,地方经济的区域性也决定了物流行业的差异性。因此,地方性本科物流人才培养目标还要进一步融入地方产业发展需求,在符合统一的应用型人才培养标准的前提下,具有鲜明的地方产业特色[3]。

(2)衔接职业标准和岗位需求完善教学内容体系。

教学内容体系是实现人才培养目标的基础平台。应用型人才培养应当以"能力"为导向在学界已经达成共识,但是这种"能力"必须与职业标准和具体的岗位需求相对应。也就是说,一方面,教学内容体系必须建立在能力培养与职业标准有机融合的基础之上,即引入职业标准以规范人才培养;另一方面,在校企合作的层面上,教学内容体系既应当涵盖职业标准要求的"共性能力",还要强化满足合作企业岗位需求的"专项能力",使人才培养更有利于服务区域经济和促进学生就业。

(3)多渠道创新校企合作实践教学平台。

校企合作实践教学平台是传授教学内容的重要载体。传统的"订单班"、工学交替等实践教学模式在一定程度上实现了校企共同建设、共同管理、共同培养,但是在深层次的合作方面仍然受到一定局限。校企合作实践教学平台可以开展 3 种形式的创新。

① 将企业引入高校。即在校内建立具有独立主体资格的"教学企业",校企共

同出资、共同管理，师生通过参与实体经营和管理，实现理论学习与顶岗实习的结合。这种方式可以借用企业的社会资源，在真实的经营环境中教学和实践，可以更好地提升学生解决实际问题的能力。但受制于学校场地、企业经营范围，此类教学企业大多局限于作业场地不大、作业内容相对简单的快递公司、储配中心、配送站点等。

② 校企共建实验室。校企共建实验室是校企双方相互支持、渗透，实现资源优势互补、利益共享的重要机制，也是新技术开发、成果转化、课题项目合作以及共享科技资源的重要平台。对物流管理专业来说，这种模式可以针对物流系统规划与仿真、供应链运营、物流 VR/AR（虚拟现实/增强现实）、物流大数据等新兴技术开展合作，使得企业的产业背景与科研资源有机结合，使教学工作更具前瞻性。

③ 校企共同指导毕业论文（设计）。毕业论文（设计）是实践教学的最后环节，也应当作为校企合作实践教学的核心环节。从内容上看，应用型本科学生的毕业论文（设计）应当以解决实际问题而非理论探讨为主，因此将毕业论文（设计）环节作为整合毕业生综合能力和专业知识的重要环节具有重要的意义。校企共同指导的核心在于企业的全程参与。首先，毕业论文（设计）的选题应当源于企业生产管理的实践，有现实的问题和真实的数据；其次，企业安排的导师应当是选题来源部门的专业技术人员，指导论文的过程就是带领学生团队解决实际问题的过程；最后，学校导师、企业导师和学生共同探讨选题的解决方案并付诸实施和验证[4]。

（4）打破“校本位”，构建多元考核评价体系。

传统的“校本位”考核评价体系弱化了企业的管理职责，使企业参与的人才培养流于形式。多元考核评价体系包括 3 个方面：一是评价主体的多元。校企合作人才培养模式下，评价主体应当由高校、企业和行业协会三方参与，学校负责学生基础学业的考核，企业负责学生综合能力和专业素养的考核，行业协会从职业标准和人才培养质量的角度通过职业资格认证等形式考核。二是评价方法的多元。在传统结果考核基础上增加过程考核，在传统书面考核的基础上增加能力考核，在传统静态考核的基础上增加动态考核，采取传统笔试与实岗操作、系统规划、方案设计等多种方法，设置多种情境进行考核评价。三是评价内容的多元。评价主体的多元决定了评价内容必须从传统的理论知识转向企业和行业看重的专业技能、职业素养和社会发展需要的创新创业能力。高校、企业和行业协会应当以岗位需求为标准，将学科理论体系和企业的用人机制融合起来，构建综合性的评价指标体系。

（5）保障校企合作质量，建立健全政府行业监管机制。

传统的校企合作中，如何均衡校方和企业的利益是关键点。现实情况是双方都在争取自身利益的最大化，最终造成了人才培养偏离自身的规律，结果是高校毕业生“就业难”和企业“用人难”的局面并存。因此，建立健全政府行业监管机制是保障校企合作人才培养质量的重要一环。

政府的监管主要体现在对于校企双方合作中的权责的明确,并通过财政、税收、人事等政策杠杆建立惩罚和激励机制,进而监督双方的执行情况。行业的监管主要体现在对于人才培养的监控,这种监控既包括对校企合作人才培养的过程管理和优化,也包括对人才培养质量的衡量与认证,还包括对于校企合作过程中风险的管控与应对。也就是说,行业协会对于校企合作人才培养的过程和结果负监管职责,并通过认证的形式进行审核。

参考文献

[1] 杨洪.应用型本科物流管理专业校企合作模式初探[J].物流技术,2015(4):222-213.

[2] 孔苏.地方本科高校转型发展背景下应用型人才培养模式研究[D].南宁:广西师范学院,2015(6):33.

[3] 胡玉霞.校企合作推动高校物流管理专业人才培养路径研究[J].贵阳学院学报(社会科学版),2018(13):100-103.

[4] 顾全根.基于校企合作的物流专业人才培养模式创新实践[J].物流技术,2017(23):463-465.

校企深度融合探索大学生创新创业实践教育新模式

王艳娇　李晓花　王飞娟　赖普辉
（陕西国际商贸学院　医药学院　陕西西安　712046）

摘要：本文以校企深度融合为抓手，从师资队伍、实践教育体系、授课内容和方法以及考核评价方式4个方面探索如何构建大学生创新创业实践教育新模式，以期校企协同培育出一批符合行业、企业要求，能将医药知识与创新创业相结合去分析解决综合问题的高素质应用型人才。

关键词：校企深度融合；创新创业；实践教育

作者简介：王艳娇，女，陕西咸阳人，硕士研究生，讲师，研究方向：创新创业教育教学；

李晓花，女，陕西宝鸡，讲师，研究方向：中药学方向的教学和研究

王飞娟，女，陕西咸阳人，硕士研究生，讲师，研究方向：生物活性物质的提取及研究

赖普辉，男，陕西汉中人，理学硕士，医药学院副院长，研究方向：有机化学和中药化学的教学与科研

基金项目：陕西国际商贸学院2018年教学改革研究项目：校企深度融合构建大学生创新创业实践教育新模式——以医药学院创新创业试点班为例（JG201810）

一、引言

《国家中长期教育改革和发展规划纲要（2010—2020年）》和教育部颁布的《关于全面提高高等教育质量的若干意见》（高教三十条）中都提出了创新人才培养模式等方面的要求。《国家中长期教育改革和发展规划纲要》（2010—2020年）中明确要求："建立健全政府主导、行业指导、企业参与的办学机制，制定促进校企合作办学法规，促进校企合作制度化。"

在全国各大就业市场中，高校毕业生就业难的现象普遍存在，其中最重要的因素就是学生缺乏实践经验和创新能力，无法胜任社会需求岗位，也无法自主创业，也就是学校培养的学生与企业所需相脱节。近年来，虽然各大高校都在进行校企合作，加强学校和企业之间的联系，有了一定的经验，例如让学生进入企业见习、实习，企业派相关工程技术人员进入学校授课，学校派老师进入企业进行挂职锻炼等方式。这些方式尽管能让学生有一定的实践经验和意识，但是大部分的教学活动

还是延续原来的教学方式,无论是相关课程的教学、师资培养、实践教育形式还是对学生的考核评价等都缺少企业的参与,并未能和企业形成深层次的合作。所以校企融合的深度不够,并没有发挥出应有的作用。

就目前中医药行业的发展来看,“互联网+”医疗的模式是未来一块很重要的领域。而对我校药学类相关专业的学生来说,虽拥有一定的专业知识和想法,但却很难将一些创新点真正落地。因此需要探索如何通过校企深度融合来构建大学生创新创业实践教育新模式,培养学生创新意识,提升学生综合运用知识解决问题的能力。

二、高校创新创业教育的现状分析

1. 师资力量薄弱

我校的教师大多为硕士和博士毕业,虽然理论水平较高,但实践操作应用能力相对较弱[1]。学校为提高教师的实践能力现每年都会派教师进入到企业进行挂职锻炼学习,但是效果并不明显,主要原因包括以下几个方面:第一,教师普遍缺乏到企业基层锻炼的积极主动性;第二,大多数企业对教师实践锻炼持消极态度;第三,教师到企业实践的时间有限,与企业深入交流的机会较少。因此,较难达到预期效果,总体的创新创业教育能力相对较弱,培养出的学生与企业实际的工作能力要求之间仍有很大的差距。

2. 实践教育体系较简单

当下社会不断倡导“大健康”这一理念,加之“老龄化”现象,社区医院和卫生服务中心越来越多,社会对药学服务型人才的需求也与日俱增。因此要对原有的实践教育体系进行调整并加入能培养学生药学服务技能的新举措[2]。另外,现有创新创业实践教育体系较简单,课堂和实践仍然处于脱节状态,没有和企业形成一个完整系统的体系。因此,需要通过校企协同,共同构建出一个较完善的课内外相结合的创新创业实践教育体系。

3. 课程体系不完善

目前各大高校都在开展创新创业教育,且大多是将创新创业类相关课程作为通识课在全校所有专业开展,因而专业相关性低,技术成果的转化率也较低。另外,高校开设的创新创业类专业课程大多由本校教师担任,采用的仍然是统一的教学大纲、一成不变的教学方法和固定的教学内容,所以创新创业教育成效甚微。

4. 考核评价方式陈旧

在目前的人才培养模式中,对学生的考核评价主要通过平时成绩：卷面成绩为3:7的方式,所以仍主要以学生的笔试成绩为评价标准。而笔试主要考核的是学生对基础理论知识的简单记忆、理解和应用,难以反映出学生的素质和创新等能力。尤其对创新创业学生的考核,不能仅停留在对基本知识、基本理论的考核,而需要企业共同参与，拟定一个可以考核评价学生创新创业能力以及综合素质的方法。

三、校企深度融合构建大学生创新创业实践教育体系的措施

1. 提升创新创业师资队伍的创新创业教育能力

师资队伍的强弱在创新创业教育过程中起着十分关键的作用，因此应该在原有师资力量的基础上，深化校企融合，提高创新创业师资队伍的创新创业教育能力。

为了加强教师和企业的协作，提高教师的创新创业能力，鼓励教师通过和企业共同承担横向课题等方式深入企业内部，真正参与到企业的运营和生产过程中去，和企业深度合作，不断充实和完善“双师双能型”创新创业师资队伍，以此培养教师的创新创业教育能力[3]。

另外，可通过岗位双兼和相互培训等模式不断补充和优化师资队伍，创建优秀的创新创业导师库。主要从三大方面入手，一方面，借助企业的行业优势可以协助选聘知名企业家、专家、创业成功者、风险投资人等各行业精英到高校兼职或挂职，担任专业课、创新创业课的授课或指导教师，为教师开展创新创业教育提供专业化的指导、服务与支持；另一方面，采取有效措施培训教师，如邀请企业家、创业成功者等举办创新创业任课教师高级研修班或派相关教师出去学习。在整个过程中，教师可将教学成果及最新最前沿的科学理论知识传递到一线，同时也可以和专家交流互动，提高自身创新创业能力，最终达到校企深度融合，共同构建和优化创新创业师资队伍的目的。最后，要深度挖掘校友资源，寻找创业成功的校友作为学生导师，开展讲座等一系列宣传活动，为师资队伍补充新鲜的血液。

2. 构建课内外相结合的创新创业实践教育体系

首先，需加强生产实践教育的理论准备，学校教师和企业专家共同制定较完善的理论教育体系，使学生在实践过程中有完整体系的理论支持；其次，应加强对学生的学术引导，使学生了解业界的科技前沿，带着问题去实践；最后，在学生的实践过程中应着重强调对企业技术研发、产品销售和组织生产的运营过程的了解和掌握，为学生的就业创业打下坚实的基础。校企共同实施的实践教学有以下形式。

① 通过专业实习实践、专业课程设计、专业综合设计等来培养学生的专业实践能力。

② 通过毕业（设计）论文、大学生创新创业活动、科技竞赛训练等来培养学生的创新创业技能。

③ 借助我院陕西省大学生校外创新创业教育实践基地、陕西省大学生校外实践基地、上海全人生物科技有限公司创新创业实践教育基地等各类实践基地平台，学生从大一开始到大四毕业前，都可以在实践与创业基地进行课程实验实训、课程

设计、认知实习、生产实习和毕业实习的环节;鼓励学生积极参与到教师或企业人员科研项目中;除此之外,也可让学生参与到教师和企业的横向课题中。以此培养学生的科技创新能力。

④ 通过我院试点班与相应企业共同开发好的项目,择优推荐申报省级和国家级大学生创新创业训练计划项目,入驻我校大学生创业园,进行综合扶持和项目孵化,为学生进一步参与科技创新以及开展自主创业奠定基础。

⑤ 因为我院培养的学生不管是创业还是就业基本都面临的是 3 个主要工作环境,即医院、药店和制药企业,因此可以通过建设模拟药房、用药咨询室等来模拟医药、药店和制药企业等行业中处方调剂、用药指导、用药咨询、药学信息服务、健康教育、整个药物生产和流通等环节,进一步提高学生的药学服务技能,以此为学生的创业就业保驾护航,让学生直观体验创业的整个流程,扎实培养学生的创业实践能力。

通过上述生产实践教学体系的改革措施,可以转变学生的被动式实习为系统理论实践结合、创新型科研训练、就业创业一体的实践教育,构建产—学—研融为一体、实践—科研—科技创新人才需求相互支撑的多层次、多功能立体构架的创新创业实践教育体系。

3. 改革授课内容和方法

试点班的课程主要包括两大方面,一类是学生感兴趣的,主动想要学习的课程或技能;另一类是企业对人才的要求,即企业希望学生掌握的课程或技能。基于此,将课程的类型分成下列几大块。

① 理论常规教学。如人力资源、财务管理、知识产权、公司运营、消费心理学等,主要培养学生基本创新创业理论知识。

② 企业文化、公司产品知识的学习,OTC(非处方药)销售知识与技巧的学习等订单班培养模式下企业所要求的课程和能力。

③ 能力训练教学。主要培养学生创新创业实践所需的网站制作、策划书书写、商务礼仪、沟通的技巧、办公软件的使用等各种实际技能训练。

另外,在整个教学环节过程中可穿插一些团建、知识竞赛、辩论赛、读书分享会、主持人大赛等各项活动,培养学生的好奇心、想象力、批判性和创造性的创新创业思维,增强班级凝聚力、团队协作能力和个人综合素质等。

在课程内容的设置方面,要和企业深度探讨,结合学生、企业的需求重新拟定,共建专创融合的校本课程。在课程的开发过程中,教师从过去的依照学校和国家要求的指定教材被动授课,转变为作为发起者和企业对相关对口岗位的性质和工作流程进行汇总,采用市场调研、专题分析等方式,围绕行业的工作标准,总结整理出各岗位所需的知识、技能和素质,共同合作开发创造编撰课程。如此不仅促进了教师的专业技能和素养,也提高了教师的创新意识,企业的参与度和课程内容的有效性[4]。

在课程的实施过程中,灵活教学,可以采用传统的课堂教学,也可采用企业体验式、虚拟仿真平台等多种教学模式。教学地点根据授课内容可以把企业搬到学校,也可把教室移到车间,把实训变成实战。深入实施启发式、研讨式、参与式的教学方法。另外,可以开展专题讲座、名人报告、企业参观、创业沙龙等多种形式的创业训练活动和创新理论培训。与以往不同,基于试点班的灵活性,授课内容也应根据市场和企业的需求,及时作出调整。

通过专创融合的校本课程的开发和实施,将打破原有的校校相同、生生一样的传统教学模式,提升创新创业教育课程的系统性、多元性和针对性,旨将创新性理念融入到整个课程教学过程中,从而培养和激发学生的思维习惯、创新意识和创业动机,提升学生综合素质。

5. 建立多元化考核评价方式

在考核内容上,要将考察重点从基础知识向创新能力和综合素质转移,即要建立以测试基础理论知识、能力、素质和创新等方面为主的多样化考核内容。如通过将职业资格证书的标准和行业企业用人要求等融入到日常教学、课程考核中,既完成了对学生各项基本知识、理论和技能的培养,又可以提高课程内容的实用性。

在考核形式上,要从结果性考核向过程性考核转变。即应该对课程学习的整个过程进行考核,从中及时发现问题,解决问题,以提高教学质量为目的,而不是为了考核而考核。除此之外,要采取多元化考核方式来综合评价学生能力,不再单独依据试卷分数来评价学生。例如学生参加学科与科技竞赛、科研训练、大学生创新创业大赛、项目路演、科研成果转化、技能证书和社会实践等活动经审核后可折算为相应学分,或认定为课程学习的一部分,以此纳入课程考核。全面提倡自主选择和个性需求,构建实践项目自主管理、学业导师制和教考分离等高效全新的教学组织模式[5]。全方位推行以提升实践创新能力为核心的,不同种类课程、实践形式和指导途径的多元化考核方式。考核内容和形式均由企业、用人单位和学校共同参与,多方考核评价。

结语

本文以校企深度融合为“抓手”,探索创新创业教育教学模式,强化创新创业实践教育,培养一批具有能将医药知识与创新创业相结合和分析解决创业实践问题的综合能力,又具有团队精神的创业型人才,服务医药行业和西咸经济发展。

参考文献

[1] 闫侃厚, 展海燕. 加强师德师风建设, 提高高校教师教书人能力[J]. 陕西国际商贸学院论

坛, 2018(2): 25 - 29.

[2] 陈妍, 许旖旎, 陶玲, 等. "应用型、服务型"药学人才培养体系改革探索[J]. 医学教育研究与实践, 2016(4): 544 - 547.

[3] 王艳娇, 王飞娟. 高等院校创新创业教育的改革初探[J]. 课程教育研究, 2017(24): 59 - 60.

[4] 许伟. 行知教育思想观照下中职创业教育的实践[J]. 江苏科技信息, 2015(16): 33 - 36.

[5] 王学成, 王立新. 转型发展是新建民办本科高校可持续发展的必然选择[J]. 陕西国际商贸学院论坛, 2016(1): 5 - 9.

校企合作助推创新创业人才培养模式探讨
——以陕西国际商贸学院为例

孙梅梅
（陕西国际商贸学院　管理学院　陕西西安　712046）

摘要：百年大计，教育为本，习近平总书记在党的十九大报告中明确指出，要“深化产教融合，校企合作”，培养符合经济社会发展要求的高水平人才。近年来，各高校尤其是转型发展中的应用型本科院校都在积极地探索“校企合作，共同育人”的新模式，我校也不例外。值得肯定的是，校企合作人才培养模式的探索和改革取得了一定的成果，但在实施过程中仍存一些问题。本文主要是对校企合作模式中出现的问题进行深入分析，以期为促进创新创业人才培养提供决策建议。

关键词：校企合作；创新创业教育；人才培养

作者简介：孙梅梅，女，山西临汾人，硕士研究生，讲师，研究方向：高等教育、绿色财务管理。

一、校企合作对创新创业人才培养的意义

创新创业人才培养离不开创新创业教育，创新创业教育更离不开高校、企业、政府等多方面的共同努力。从创新创业教育发展的总体目标来看，要实现“人才培养质量显著提升，学生的创新精神、创业意识和创新创业能力明显增强，投身创业实践的学生显著增加”。创新创业人才培养是在学校和企业合作基础上实现的一种人才培养模式，它符合高校创新创业教育的目标，缩短了学校与企业之间的距离，从而真正达到了理论与实践相结合的目的，是一种“双赢”模式。

高校创新创业教育是适应经济社会和国家创新驱动发展战略需要而产生的一种全新的教育理念与模式，校企合作是高校创新创业教育和人才培养的必然途径，其意义如下。

（1）对高校设置专业，制订教学计划具有一定的指导意义。高校人才培养的目的是为社会所需，为企业所用，进而推动当地经济社会发展，如何才能真正地实现这个目的，校企合作成为其必然选择。因此，高校在设置专业、制订教学计划的时候，必须结合岗位群对人才的知识、能力、素质要求来设置，校企共同制订教学计划。

（2）校企合作也是理论与实践相融合的具体体现。如何才能真正地将在高校所学的理论知识转化为具体的生产力，可以说校企合作为学生提供了必要的实习条件和难得锻炼机会，学生把学到的书本知识运用到实践之中，从而加深对知识的

理解,增强应用知识和解决实际问题的能力。不仅如此,校企合作还能激发学生的创造、创新的愿望和热情,激励他们在实践中不断探索、不断创新,而这种创新意识、创新能力、创新人才的培养正是我们高校创新创业教育的目标所在。

(3)各种企业尤其是知名企业在高校的创新创业教育中起着重要的示范作用,在高校的创新创业教育中担负着不可推卸的社会责任;同时校企深度合作为企业储备人才,也避免了学生毕业即失业的尴尬局面。

二、校企合作助推创新创业人才培养的模式

(一)"订单班"模式

开设"订单班"模式,即学院与企业达成订单班培养意向。设立订单班,从大一开始,企业选派导师每学期至少三次为学生进行专业指导及培训,为学生提供奖、助学金,制定职业发展规划;学生接受企业文化的熏陶,利用节假日、寒暑假深入企业锻炼,参加企业大型活动,根据岗位需求制订自己的学习计划,学习目标更加明确。校企共同培养的模式,让企业更加积极主动参与到人才培养中来,学生较为系统地掌握了岗位工作知识,有效增强了协作意识、就业意识和社会适应能力,对企业的归属感明显增强,实现了企业、学生、学校共赢。

比如我校管理学院酒店管理专业与西安豪享来温德姆至尊酒店共同签订的温德姆至尊班,商学院同陕西乐华恒业集团校企合作订单班——"乐华管理人才储备班",实现了真正意义上的校企对接实践。

(二)"引进来"模式

"引进来"模式即引进企业入校,实现企业需求与创新创业人才培养精准对接。在这个模式中,主要是以学校现有的场地和设备为载体,引入企业加盟;企业带工人、带技术,双方结合,进行产品生产、人才培养。在生产中引入教学内容,校企共同制订产教结合的实施性教学生产计划,让教师学到技术,让学生加入生产,让生产产生效益,校企双赢,共生共荣。同时也可以邀请企业里工作经验丰富的专家担任讲座教师,来对学生进行创新创业实战指导和培训。

如2017年,我校国际学院引进了京东创新创业孵化中心入校,在校内实现对于企业全流程业务的全面熟悉,通过平台使学生可以熟悉电商、物流、产品、金融、营销等全方位的知识,实现了实习单位需求与人才培养方案的精准对接,保证了所有实习安排与企业需求无缝衔接。

(三)"走出去"模式

"走出去"模式即送教师和学生入企,学校选派教师和学生入驻企业,在企业中设立教师工作室,分批分期安排教师和辅导员深入企业一线,学生在工作的过程中,遇到困难,不仅有部门主管可以请教,还可以随时咨询在企业指导的教师。如我校管理学院财务管理专业定期将学生和教师分批选派到校企合作单位——陕西

好管家财务管理有限公司，通过学生的实习实践，学生对企业注销变更、手工账、账务处理、用友软件的使用、出纳工作、发票的开具、对外纳税申报、求职技巧等内容有了系统化的认识和了解，对专业知识有了更深刻的理解。通过集中实习，学生专业贴合度更高。教师深入企业指导学生实践，了解了企业对人才的需求，丰富了实践经验，教学、科研效果明显提高。

（四）“校企互融”育人模式

“校企互融“育人模式，校企资源优势互补，共建校企实践平台，即高校利用其自身的优势教育资源，再凭借校企之间所搭建出的合作创业平台以及相关的创业比赛、创业基地等多种多样的创业形式，来针对那些创新创业意识与能力较强学生，为他们选取那些操作起来较为方便且便于复制的创业项目，使他们能够同相关的创业项目对接起来，进而成立相关的“专业工作室”，从而能够正式地迈向社会，为相关的企业或社会直接提供产品或服务。如高校与企业可在区域范围内共建“校企创业园”，为学生提供创业咨询、创业指导、创业培训及实战演练的机会，我校可以以西咸新区、沣西新城西部云谷为龙头，全力打造电子信息技术合作、科技交流的孵化平台，建立更多的创新创业项目，筹集更多创新创业资金，使大学生创新创业工作实现资源共享、优势互补、合作共赢的快车道。

三、校企合作助推创新创业人才培养模式中存在的问题

校企合作是突破人才需求瓶颈、改善人才供给的主要手段之一，是高校与企业形成“共生、共进、共创”的良性循环的主要平台。目前，各高校尤其是转型发展中的应用型本科院校都在积极地探索“校企合作，共同育人”的新模式，我校也不例外。值得肯定的是，校企合作的人才培养模式的探索和改革取得了一定的成果，但在实施过程中仍存在以下问题。

（一）校企合作的广度和深度不够

目前大部分校企合作层次较低，深度不够，多数院校仍停留在“共建实训基地”“共建专业建设指导委员会”等浅层次或中层次合作阶段，合作广度和深度不够；甚至有不少院校和企业只是形式上的合作，与企业仅仅签订了一张协议，没有实质的合作内容，没有真正发挥企业在高素质技术技能型专门人才培养中应有的作用，没有或很少开展深层合作，比如校企合作制定人才方案、孵化项目等，不能很好地培养学生的创新创业精神和创新创业能力。

（二）校企合作方案及监督机制不完善

目前，部分校企合作的监督机制尚不完善，主要表现为两个方面。一是高校、企业在合作前期、中期、后期过程中，签署的合作方案并未有效标明可双方应尽的义务、责任，条款中的合作方式不明确，合作内容空泛，合作机制单一，可持续性较差，对

于合作期限双方未标明具体的时间，漏洞较多，更多的签约是为了增加“数量化”的业绩考核而开展的合作。二是针对学生知识、能力、素质的培养，尚未构成全面的考核、考察体系，缺少评价机制和监督机制，致使在某些专业的校企合作形式大于内容。学校将学生派往企业进行实习后没有进行跟踪和调查，学生的具体表现企业无回馈，学校无监督，校企双方无交流，这种校企合作既耗费了双方资源，又耽误了时间，最终使人才培养的达成度无法实现。

（三）校企合作育人模式不完善

当前，我国高校创新创业人才培养，主要依托于高校自身所设置的创业课程，举办的创业大赛等形式加以推进，缺乏企业等创新主体的参与，导致人才培养模式过于单一化、定向化、僵化。虽然部分院校已构建起创业中心，但无论是职能、运行机制，还是各部门间的权责都不甚明晰，无益于高校技术的转移与创新实效性的发挥。

（四）校企双方师资互动不强

校企协议签订后，专业教师与企业导师的互动不强，企业教师因生产和工作的需要有时难以承担授课任务；高校教师因过于繁重的教学和科研任务，也只是偶尔到企业进行授课或是学习，同时，企业导师与高校教师在教学方法、课程设计、创新意识、就业创业等方面交流过少，无法形成行之有效的教学意见和建议。此外，校企合作在师资建设上的规划形同虚设。这样下去，对人才培养效果以及创新创业意识引导影响巨大。

四、校企合作助推创新创业人才培养模式的对策及建议

校企合作是一项长期而艰巨的工作，要立足当下，着眼未来。陕西国际商贸学院位于西咸新区，本着服务地方区域经济发展，挖掘西安咸阳优势资源，全面开展校地合作、校企合作，实现互利互赢的育人新模式，牢牢地将创新创业人才培养与市场需求紧密对接，把学院专业和企业岗位相对接，不断创新合作模式和内容，实现学校、企业、学生共赢。如何才能更好地发挥校企合作，助推创新创业人才培养，本文提出以下几点建议。

（一）拓展校企合作的深度和广度

一是从广度上而言，可以不断拓展点对面的校企合作新模式，可以从原来的点对点的学校与单独企业合作，拓展为点对面的学校与产业基地的合作，同时，也可以将学校最初一个专业的实习点变成一个学科群的实习基地，这样可以拓展校企合作的广度；二是要实现真正的校企合作，就要不断实现校企合作的深度融合，而不仅仅是表面的一纸协议，要从人才培养的源头抓起，校企共建人才培养体系，是按照校企双方的实际需求，共同参与和开展包括专业申报与论证、人才培养方案的设计与制定、创新课程体系、完善教学方法、师资相互支撑、学生职业化管理、就业

创业等一系列内容，尤其是在人才培养的设计上，应体现创新创业模式有效支撑人才培养方案实施。同时，校企双方应加大模块化课程的设置，构建创新创业课程模块、专业能力课程模块、职业发展课程模块等专属课程群，在通识教育的基础上，强化专业教学模块的特色化和对创新创业教育的衔接化。

（二）完善校企合作的监督考评机制

完善有效的监督机制是校企合作向纵深推进的前提，是保障双方在实际运行中实现互利共赢的规则定律。因此，制定合理化的方案和监督机制，对促进高校和企业人才链、培养链、创新链形成有着重要的意义和价值。在这个过程中，由于校企合作隶属双方，具有不同的利益诉求，难免存在不协调的因素，再加上创新创业人才的培养是一个漫长的过程，因此，各主体间的稳定合作需要构建起多方协调的管理机制，确保各参与方能够同步行动，实现分工合理、利益均衡、责任互担的合作机制，这也是创新创业人才培养得以有效开展的重要因素。一方面，应加快构建完善的合作联盟组织，这是确保创新创业人才培养长效机制的组织保障。另一方面，合作双方应构建多层次协调、管理机制，针对合作中可能存在的冲突加以协商解决。决策方面，要求高校、企业共同创建人才培养联盟，由联盟领导定期会商，商定合作框架，并负责制定重大事项的决策方案；要求组建人才培养委员会，对高校创新创业人才培养工作加以统筹、协调。操作方面，要求高校、合作企业分别设置内部管理机构，并委派专人负责合作事宜，并成立培养工作小组，专门负责具体管理工作。

（三）积极构建校企协同育人机制

构建起行之有效的校企合作创新创业人才培养机制，关键是要整合多方教育资源，实现优化配置，面向创新创业人才培养目标，将原本分散的资源加以集中，用于人才培养工作中来，促进资源的共享与功效的充分发挥。在校企合作的道路上，必须加快引入校企协同育人机制，加强同多个创新主体之间的合作、交流，实现教学、信息、科研、人才等多个方面的互利共赢，培养出具有跨界意识、开放视野、创新精神、创业能力的优秀人才，构建起完善、系统、科学的运行保障机制。其次，应将创新创业教育贯穿人才培养的全过程，引入企业资源，从模式、师资、课程、体系、实践、创新、创业等方面，由高校和企业联合培养专业人才，不断探索校企合作创新模式。

（四）积极加强校企师资互动

专业师资是专业教育的领导者，是实现创新创业教育的关键环节，是完成人才培养的模式改革的设计者。在校企合作的过程中，师资共享是合作基础，企业导师进入高校参与教学授课，将应用型知识带入课堂，实现职业知识与课堂知识的融合；高校专业教师进入企业，为企业员工进行继续教育，提升企业员工的知识和能力，在企业环境下，教师也会不断加深对创新创业的理解，两者之间联系密切，相互支撑。在这个过程中,首先应该明确双方的权利、义务、责任,对高校教师和企业导师进行具体要求、设立评价体系和监督机制、规范奖惩文件,从合作根源上形成制度框架,彼此进行约束;其次,校企联合建立创新创业师资团队,发挥各自优势,完成双方教师在教学课堂、创新工场、创客基地中的角色定位,以教师引领为主导,学生大学四年全程参与的形式开展创新创业课程、教学、实践等活动;最后,坚持打造精品化的师资培训体系,校企双方打开大门,不定期开展企业实践交流活动和高校学术活动,双方人员共同学习,互动交流,形成较好的学术氛围,有效促进教师创新创业意识的提升。

结语

高校创新创业人才培养是社会经济发展需求,也是当前经济新常态下产业结构转型升级的要求。高校培养更多具有创新创业能力的人才,才能更好地满足社会对创新创业人才的要求。校企合作模式是高校创新创业人才培养的重要模式,一直受到高校和企业的青睐。目前国内很多大学都与企业进行了多种形式的合作,但是不管哪一种校企合作模式,由于校企双方就人才培养目标、课程内容设置、教学模式等方面存在一定的差别,所以在合作过程中还存在不少问题,还无法达到人才培养要求,因此探讨校企合作助推创新创业人才培养有着重要的意义。

参考文献

[1]黄淑敏,张婷,张立志. 构建校企合作新平台 拓展创新创业教育新空间[J]. 科技风,2018(11):69.

[2]周捷信. 基于校企合作的创新创业人才培养路径的研究[J]. 黑龙江教育学院学报,2016(3):22-24.

[3]金根中. 校企合作模式下高职生创新创业能力培养的探索与实践[J]. 机械职业教育,2014(6):57-59.

[4]张文彬. 基于校企协同创新理念的高职学生创业能力培养研究[J]. 职教论坛,2015(17):34-37.

[5]孙昱娟. 校企合作创新创业人才培养长效机制研究[J]. 齐齐哈尔师范高等专科学校学报,2018(5):21-22.

校企合作模式下高校创新创业人才培养方式的思考
——以陕西国际商贸学院与西安高陵奇石博物馆为例

胡海燕，杨蓉，张丽倩
（陕西国际商贸学院　陕西　西安 712046）

摘要：对于高校来说，校企合作是其发展提升的重要途径。校企合作是一种以市场和社会就业需求为导向的教育模式，是培养创新创业人才的重要形式。高校将提高学生创新创业意识、创新创业实践能力教育引入教学培养体系中，与企业深度合作，形成了理论教学与实践教学互补模式，对促进大学生创新创业能力的培养与提高已取得了一定的成效。本文以陕西国际商贸学院珠宝学院与高陵奇石博物馆校企合作为例，从高校、企业、学生这三个层面考虑，综合探讨陕西国际商贸学院与高陵奇石博物馆在创新创业人才培养的过程。

关键词：校企合作；创新创业；人才培养过程

作者简介：胡海燕，女，江西抚州人，硕士研究生，助教，主要从事矿物学教学与科学研究

杨蓉，女，陕西西安人，硕士研究生，助教，主要从事矿物学教学与科学研究

张丽倩，女，河北乐亭人，硕士研究生，珠宝学院副院长，讲师，主要从事矿物学的教学与科学研究

引言

在“大众创业，万众创新”的号召下，各高校围绕创新创业人才的培养进行了积极的探索，并通过校企合作的方式实现改革[1]。高校创新创业教育已成为推进“双创”教育的重要组成部分。校企合作是学校与企业实现共赢的一项重要举措，对于校、企双方意义巨大，通过创新合作模式，必将实现产、学、研的一体化，也必将开创校企共赢的新局面。作为中国西北地区应用型本科陕西国际商贸学院的珠宝学院，以“特色一流学科”建设为契机，探讨创新创业人才培养方式。

一、我校创新创业人才培养的现状

创新创业教育是实施素质教育的重要内容，也是创新能力和创业教育相互协作的过程，加强大学生创新能力的培养已成为高等学校教育改革的核心目标[2]。从学生的创新能力和自我创业意识上来培养，能够提升大学生对社会就业大环境的判断和适应能力。创新创业型人才培养不能单一依靠课堂教学，校内实践平台、校外实践平台、参与教师科研团队、产学研结合式教学等多种方式可以全方位培养

创新创业型人才。基于这一点,陕西国际商贸学院为创新创业人才培养环境的营造、创新创业人才培养的宣传力度等都非常重视。这可以从以下两个现实状况来体现:一方面,学校注重对专职教师进行培养和激励,使双创教育和专业教育深度融合,并经常开展双创教育质量评估,引导企业和社会组织参与双创教育,大力建设双创实践平台。另一方面,在课程上已经开设了“创业基础”“创新思维训练”等相关课程,在学校开设了创新创业学院,搭建创业园建设平台。校企合作单位西安高陵奇石博物馆就是以校外企业创新创业项目入驻类型入驻陕西国际商贸学院的创业园,创立了矿物岩石创新创业示范店,开启了创新校企合作模式的第一站。在创业园内搭建校内校企合作平台,雇佣学生作为店长和职员。这不但能够让学生在这种创业环境下得到敦促和培养,更能使学校与企业联系更加紧密,实现合作双赢。在搭建的实训店内,学生利用创业园内的校企合作平台,不仅能够在创新创业环境下学习,提高自身创新创业的热情,而且也能在真实的企业环境中学得到实践,掌握从事专业领域实际工作的基本操作技能[3]。

二、对创新创业人才培养的探索

由于深刻的历史、社会和文化原因,实行校企合作之后,高校的教育模式依然老化,缺乏创新,更注重理论的教育,忽略实践能力的培养。为了弥补这一问题,我校与高陵奇石博物馆在合作过程中不断将创新创业意识灌输到学生培养中去,注重培养学生的动手能力以及知识实际应用能力。要真正提高大学生创新创业能力,在选拔学生作为培养对象时,必须先深入培养这些学生创新创业意识,深入引导这些学生完成创新创业教育与专业教育的全面融合。入住创业园的矿物岩石创新创业示范店,主要经营业务是各类精美奇石、矿物晶体的线上线下销售,店内店长、职员也主要是珠宝专业方向的学生,这在一定基础上实现了专业教育和创新创业教育的深度融合,可以打开以专业知识进行创新创业的局面,使专业知识更加直接高效地融入社会生产实践中去,专业教育和创新创业教育全面融合有利于大学生全面发展,特别是塑造创新精神、积累人力资本。在创新创业教育中开设跨学科专业的交叉课程,强化创新创业实践,有利于人才培养由学科专业单一型向多学科融合型转变,有利于提高大学生的实践能力。我校珠宝学院依托与高陵奇石博物馆共建的校企合作实训基地,已开设“观赏石”“珠宝文化”“珠宝电子商务”等课程,为投身于创新创业活动的学生进行矿物晶体、奇石营销实践活动奠定良好的理论知识及专业指导。高校创新型人才培养,与高素质教师密切相关。创新型人才的培养,需要教师注重在学生身上投入更多精力,教授理论知识。在校企合作师资队伍建设上,我校着重对亲身参与,投身于企业实践的专业教师进行专项培训。除此之外,在暑假期间,这些创新型教师都会到相关企业进行为期一个月的暑期挂职锻炼,通过深入的实地考察,了解企业的运行模式以及与企业领导、员工之间的近距离的交流，一方面能够提高自身系统的知识技能，获取企业经营的第一手资料，另一方面，也能够使得这类创新型教师，从受教育者的实际出发，因材施教，发展个性，逐步形成各具特色的创新素质，并在实践中表现一定的创新才能[3]。我校经过3年多的努力实践，创新创业学院目前已完成了创新创业教育课程内容要求、达成标准和评价方式，形成了丰富的“基于实践、基于兴趣、基于课题、基于大赛”的实践训练空间（如创业园），各个学院都积极建成了一批深度合作的校内外实践教学基地，并将创新创业思维融于合作中去，在各个学院培养了一些具有成长力的创新创业导师（如指导学生获得国家级、省级大赛奖项的教师），理顺了创新创业教育的管理、激励、保障机制，有效解决了创新创业教育与专业融合的难题，解决了学生创业与专业脱节、企业与人才培养脱节的问题，形成了适应地方本科高校的创新创业实践平台塑造方案。

参与校企合作的学生，职业生涯规划不清楚，缺乏实践能力，专业知识基础薄弱，缺乏对所参加的校企合作项目的热情和主动性。针对学生这一实际情况，高校不能走得太急，大学最根本的任务就是人才培养，创新创业教育方面的人才也不例外，有效培育大学生的创新精神、创业意识和创新创业能力，是高校创新创业工作的出发点和落脚点。因此，应该让创新创业教育融入教育的内核，下大力气去解决创新创业教育与专业教育的融合问题。针对存在的这一问题，在与高陵奇石博物馆合作下，我们首先做好对学生的选拔工作，帮助学生发现其专业兴趣和能力强项，从而有针对性地对学生进行不同创新项目的培养。在选拔过程中，注重对专业进行认知教育，帮助学生对专业形成深入认识，激发学生的学习兴趣。我校与高陵奇石博物馆共建的校内矿物岩石创新创业示范店，在西安高陵奇石博物馆馆长的指导下，选拔一名具有创新创业能力及实践强的教师作为导师，并在全校内选拔具有一定文化底蕴（珠宝文化、企业文化等）、责任心强、对线上线下营销就有浓厚兴趣及个人见解、特长鲜明的学生组建了一个创新创业团队，在之后的学习和训练过程中注重目的性和针对性，并激发这些参与者（企业领导、教师、学生）对专业的热爱和兴趣，这是保证创新产生的重要条件[4]。其次，对参与创新型人才培养项目的学生进行科学管理与创新创业能力培养，如学生申报大学生创新创业计划项目，“互联网＋”大赛、省“挑战杯创青春”等校外创新创业大赛，通过比赛，学生们的专业知识得到了充分的发挥和施展，教师在指导学生比赛的过程中也不断积累和进步，从而实现了教学、竞赛、创新创业的良性循环，促成了以用促学、学用结合、注重实践。此外，投入时间制定具体和有针对性的实践培养方案，使得校企合作项目真正落实到实处。学生项目申报要以校企合作项目为引领，结合指导教师科研成果，教师要注重培养学生有探索未知、勇于创新的兴趣，有效地激发参与学生的创新意识和欲望，通过项目的申报与实施提升学生分析和解决问题的能力[5]。当然，在上述基础之上充分地了解企业的实际需求，关注企在整个过程中的利益点也是非常重要的,这是校企合作的纽带,校企双方达到共赢的必然手段。

三、校企合作培养创新人才的收获与思考

在陕西国际商贸学院与西安高陵奇石博物馆培养创新人才过程中,获得以下几点收获及思考:第一,提高企业参与的积极性。企业主要的发展目的是获得财富,与高校合作过程中,主要的目的是提高自身企业的知名度以及获得相应的技术及管理人才。高校在与其合作过程中,抓住这一点关键之处,时刻秉承合作共赢的前提,为企业培养所需人才,提高企业的参与度,与企业之间形成共享企业资源的和谐关系。第二,大力培养创新型师资力量。这一方面需要高校能够营造良好的创新创业环境,让这些创新型教师真正可以得到历练的机会,而不是单纯给学生指导大赛。这件事是一件可以没有成果的任务,要出台相关奖励措施,提高创新型教师的参与度和积极性,除此之外,不能光让教师处在一个知识输出的状态,要让教师多参与到企业中去,学校与企业之间共同培养创新型教师,这样才能真正实现在校企业合作模式下培养创新型人才的目标,以及多让教师走出学校,多参加一些相类似的创新创业活动,这能更好地服务于具有创新意识的学生,能够使这些学生得到真正的指导。第三,在培养学生的课程设置方面,还需要不断提升。现在高校,普遍还是注重理论知识的讲解或者相关创新创业项目视频的播放,使得课堂上气氛沉闷。这样从本质上来说,既不能真正提高学生的创新创业意识,也不能提高学生的创新创业能力,反而会让学生对创新创业课程感到厌烦。因此,利用企业优势,共同设置课程,至关重要。

总之,要真正达到创新创业人才培养的目的,必须要以企业合作(实现互利共赢)为前提,培养创新型教师,营造良好的创新创业环境,在课程设置上多以学生为中心,教师为引导,在双重驱动下,才能使课堂学习氛围更加融洽,学生们更加积极,这样才能达到真正提高学生创新创业意识的目的。

结语

校企合作培养创新人才是一个复杂的过程,需要高校、企业、政府各方的共同努力与配合。高等学校作为教学、科研单位,具有人才和科研优势,是培养适应社会需要、促进经济发展的高素质人才的基地。基于陕西国际商贸学院与西安高陵奇石博物馆的深度校企合作,在培养过程中,充分利用学校珠宝类特色专业的优势,人才技术优势、实践机会和教学资源及企业的资金资助,从而促进产学研结合和科技成果的转化。校企合作模式下大学生创新能力培养需要从理论、实践教学方面着手,需要将创新教育引入教学培养体系中,与企业合作进行教学改革,进而促进大学生创新能力的培养与提高。

参考文献

[1]曾一帆.应用型高校校企合作改革研究与实践——基于创新人才培养的视角[J].景德镇学院学报,2017,32(2):89-93.

[2]程书强,杨建斌.校企合作模式下大学生创新人才培养的策略研究[J].技术与创新管理,2011,32(5):507-510.

[3]于含,李辉,黄永平.高职院校校企合作的意义、问题及改进措施[J].教育与职业,2014(23):34-35.

[4]陈伟,左艳.校企合作模式下应用性创新型人才培养实践教学体系的构建[J].经济研究导刊,2016(12):115-116,142.

[5]张丽,钟明,阎建辉.协同创新校企合作模式下化工类人才培养平台建设与实践[J].湖南理工学院学报(自然科学版),2017,30(4):84-88.

校企合作视角下的物流人才培养模式研究

叶文显
(陕西国际商贸学院　管理学院　陕西西安　712046)

摘要:校企合作是培养应用型物流人才的重要途径,也是物流人才培养过程中的必要环节。当前,校企合作培养物流人才存在一些突出问题,这些问题的产生是由多种因素综合作用的结果。本文分析了物流人才校企合作的主要培养模式,并对物流人才校企合作培养模式进行了经验总结。

关键词: 校企合作;物流人才;培养模式

作者简介:叶文显,男,湖北武汉人,硕士研究生,副教授,研究方向:区域经济学

基金项目:陕西省教育科学"十三五"规划课题:陕西产业结构优化对民办高校专业设置的影响研究(SGH17H494)

一、校企合作培养物流人才的重要性与必要性

校企合作是高校深化内涵式发展与培养应用型人才的必然要求。它不仅满足了学生理论联系实际的迫切需要,还促进了高校与企业的协同发展。校企合作已经成为包括物流管理专业在内的各个专业人才培养过程中不可或缺的重要环节。

(一)校企合作培养物流人才的重要性

实践教学是高校教学过程中的重要环节,是培养适应社会需要的应用型物流人才的客观要求,通过校企合作,学校可以更好地了解企业物流人才的数量与质量需求,这样可以进行有针对性的培养,从而为社会提供更多的优秀物流人才。校企合作也使得大量的企业实例进入课堂,在改变传统的教学方式与教学内容的同时,也调动了学生的学习积极性,激发了学生的创新意识,进而提高了人才培养质量[1]。加强学校和企业的深度融合,使高校的人才培养过程更加贴近市场需要,从而为社会培养更多的优秀应用型物流人才;加强学校和企业的深度融合,助力师生理论教学结合生产实际,进一步提升学生的动手能力与综合素质;加强学校和企业的深度融合,一方面为企业培养专门的定向物流人才,解决企业的招工难与人员流动大难题,另一方面强化企业自身人才的学历教育,促使企业管理水平现代化与经营效益提升。总之,校企合作互相支持、资源共享、优势互补,是高校提升教学质量与办好高校教育的重要途径,是培养生产一线专门物流人才的重要途径,也是促使企业与高校可持续发展的重要途径[2-3]。

（二）校企合作培养物流人才的必要性

一方面，物流管理涉及运输、信息、经济、计算机、管理等多个领域，是一门实践性较强的交叉学科。物流管理人才不仅应该具备扎实的理论知识，还应该具有较强的综合管理能力与操作技能。校企合作不仅满足了高校物流人才培养过程中理论结合实践的迫切需求，还帮助高校解决了教育设施缺乏、教育成本偏高的难题[4]。另一方面，伴随着科技创新与电子商务的飞速发展，物流服务企业迎来了空前的发展机遇期，与此同时，企业在物流人才需求方面也呈现出专业化与多样化趋势，传统的物流管理专业教学内容、教学模式、人才培养方案和培养目标与物流企业的现实人才需求出现较大的差异，高校物流人才供给与企业人才需求之间的结构性矛盾越来越突出[5]。校企合作使高校的物流人才培养更加贴近市场与社会需求，从而有效缓解了物流人才供需过程中的结构性矛盾。此外，校企合作也是高校服务区域经济发展与自身内涵式发展的必然要求[6]。

二、校企合作培养物流人才存在的主要问题

鉴于各高校在办学层次、办学条件、办学定位与办学实力方面的巨大差异，各高校在物流人才培养过程中的做法也各不相同，但都会存在一些困境。

（1）校企合作深度不够。一方面，由于学校认识上的偏差，校企合作仅仅被看作一种评估需要或是学生顶岗实习的需要，而没有从提高教学质量与学校内涵式发展的视角看待校企合作，从而导致高校在校企合作过程中的不上心、不深入[7]。另一方面，校企合作的互利双赢机制还未形成，校企合作关系的维持可能主要靠管理者的个人交情，企业非但没有从校企合作的共享机制中获得合理回报，还增加了校企合作过程中的管理负担。此外，部分企业欠缺一定的担当与社会责任，它们并不乐意接纳学生实习，由此导致企业在校企合作中的不热情、不主动。

（2）校企合作效果不明显。一方面，学校在校企合作的过程中往往过多地追求合作企业的数量，而对合作企业的质量以及是否与物流专业对口关注较少。另一方面，校企合作的内容不细致、不稳定，操作的随意性较大。同时，校企合作过程中高校与企业双方的师资配备在数量与质量方面可能存在一定的欠缺，这些因素导致了校企合作的效果甚微

（3）校企合作过程中监管与奖惩机制不健全。校企合作过程中缺乏对指导教师与实习学生的严格监管，缺少对实习过程的事前预防、事中监控与事后反馈机制，实习过程存在“不求有功、但求无过”的侥幸心理。此外，缺少对校企合作优劣、实习效果好坏的评价与奖惩机制，由此导致“平均主义”与“大锅饭”现象的普遍存在，指导教师与学生形成了相安无事的“和谐”状态。

三、校企合作培养物流人才效果不佳的原因

（1）校企双方合作意识不强，互利共赢的合作模式还未形成。一方面，市场经

济中的各类物流企业秉持利润最大化导向,人才培养的社会责任不强;同时,高校没有把校企合作视为关系其教学质量与核心竞争力的重要指标,由此导致校企双方的主观合作意识不强。另一方面,高校在校企合作方面的财力投入不足,学生素质、师资力量也不能较好地满足企业的现实需要,校企合作过程中物流企业没有从高校获得合理的合作回报,也没有从政府那里享受土地、税收、政策等方面的优惠,导致其合作兴趣不高,校企合作关系的形成主要为“检查评估驱动型”和“私人友情维持型”,而非校企双方真实的“内在需求驱动型”。

(2)校企合作缺乏周密具体的合作计划,相关体制、机制还不健全。如校企双方没有周密具体的合作地点、合作形式、合作内容、合作师资,缺乏对合作(实习)结果的效果评价与反馈机制,缺少对合作(实习)效果的奖惩机制。

(3)物流企业数量少、规模小,难以满足物流学生的顶岗实习需求[8]。高校为了缓解这种岗位不足的实习难题,只能通过寻找不对口企业加以解决或者减少一定的实习环节和缩短每个学生的实习时间以便为更多的学生提供实习机会,由此导致学生实习的收获较少,校企合作的效果甚微。

四、物流人才校企合作的主要培养模式

目前,物流人才校企合作的主要培养模式有4种,一些高校也在积极摸索适合自身学校特色与定位的物流人才培养模式。

(一)主要培养模式介绍

(1)校企订单式合作培养。这是一种针对性较强的初级合作模式,它的主要特点是校企共同实施物流人才的培养教育,学校根据企业的需要开设各类实习课程和企业根据自身需要对学生进行各种短期技能培训。这种培养模式的优点是实现了实习与就业、教学与生产、招生与招工的完美同步进行。

(2)校企互动式合作培养。这是一种实现校企资源共享、互利共赢的合作模式,它的主要特点是企业参与学校的物流人才培养方案和教学计划制订,同时为学校提供实习所需的原料、设备和基地。校企双方实现人才互聘,一方面,企业工程师、优秀管理者为学生授课,提高物流学生的专业技能,另一方面,高校教师为企业员工培训,提高企业工人的理论知识和专业素质。这种培养模式的优点是企业培训了员工、缓解了招工难题,学生提高了专业技能,学校在获得美誉度的同时实现了内涵式发展。

(3)校企交替式合作培养。这种合作模式可以分为两类,一类为工读轮换制,即把同年级物流学生分为两半,这两半学生按学期或者学年轮流在学校进行理论学习和在企业接受技能培训。另一类为学生在企业进行全日制劳动,利用业余时间学习,并通过讨论、授课等方式将理论与实践结合起来。

(4)引进式合作培养。它的主要特点是企业将部分生产线建在学校,学生在

校园里就可以零距离地进行顶岗实训。这种培养模式的优点是不仅解决了高校实训设备不足的难题,还解决了物流企业经营场地不够的问题,真正实现了校企双方的资源共享与互利共赢。

(二)典型高校的培养模式

(1)中州大学培养模式。它将三年制高职物流专业的人才培养历程划分为三个阶段:前4学期为第一阶段,主要为学生在校学习物流基础课和专业方向课;第5学期为第二阶段,主要为学生以“模拟者”身份进行练岗、轮岗与短期顶岗实习;第6学期为第三阶段,主要为学生以“准职业人”身份进行顶岗实习[9]。

(2)北京电子科技职业学院培养模式。它将三年制高职物流专业人才培养方案分为三个环节:前3学期为第一环节,主要为学生在校学习物流基础知识;第4、5学期为第二环节,主要为学生在企业进行专业技能学习与轮岗实习;第6学期为第三环节,主要为学生在企业进行顶岗实习[10]。

(3)常州机电职业技术学院培养模式。它实施的是“四阶段递进、学训交互”的培养模式,具体表现为:前2学期为第一阶段,主要为学生在校学习文化基础课和专业基础课;前3学期为第二阶段,主要为学生在校外进行物流岗位体验,逐渐形成岗位认识;第4、5学期为第三阶段,主要为学生在校内进行核心课程学习,培养专业核心能力;第6学期为第四阶段,主要为学生在校外进行顶岗实习,提升专业综合能力[8]。

(4)苏州经贸职业技术学院培养模式。它实施的是“四进四化”的培养模式,具体表现为:企业进校园的产教一体化、项目进培养计划的校企育人协同化、任务进课程的授课内容任务化和师傅进课堂的教学实战化[11]。

五、物流人才校企合作培养模式的经验启示

如上所述,物流人才校企合作的培养模式主要有订单式、互动式、工学交替式和引进式4种模式,各高校在校企合作中的做法也不尽相同,我们很难判断哪种模式最优。事实上,我们认为,适合自己学校的校企合作培养模式就是最好的。细心比较上述物流人才培养模式的异同点,我们得到下述经验启示。

(1)各高校物流人才的校企合作培养模式主要是上述四种模式中的一种或几种融合而成,但不管是哪一种模式都不可避免的要面对下列“4W1H”问题:“校企合作与实习主体是谁?”(Who)“校企合作与实习的内容是什么?”(What)“什么时候安排校企合作与实习?”(When)“校企合作与实习的地点在哪里?”(Where)“如何开展校企合作与实习?”(How)。综合上述高校的培养模式后发现,校企合作与实习的主体应该为高校(管理者和教师)、物流专业学生和物流企业(管理者和技术工人);校企合作与实习的主要内容是提升物流学生的专业技能与提高企业员工专业素质;校企合作与实习的时间通常安排在学生在校学习的中后期,可以

采取“理论学习＋专业实习”“理论学习＋练岗与轮岗实习＋顶岗实习”“基础理论学习＋练岗与轮岗实习＋核心理论学习＋顶岗实习”等模式;校企合作与实习的地点通常在物流企业,但也可以在高校,可以建立“厂中校”与“校中厂”两类实训基地;校企合作与实习的开展方式通常是高校教师为企业员工培训,企业管理者与技术工人为物流学生培训,企业参与高校物流专业的人才培养方案、课程设计与人才招聘,企业项目进入高校课堂或成为学生的毕业设计来源。

(2)校企合作的关键在于建立完善的沟通管理与利益共享机制。要保证校企合作的效果,坚强有力的管理机构以及适量的校企合作经费投入必不可少,同时还要形成完善的沟通机制,要保证校企双方都能在合作中获益。

(3)校企合作的核心在于科学规划好校企合作的方式、合作时间与合作内容,特别是学生实习实训的内容,要保证其科学性、合理性与稳定性,可以建立校企互动的教学平台。企业应该参与到物流人才培养的各个环节,同时要注意形成稳定优良的校企双方导师队伍。

(4)校企合作的保障在于建立动态的教学评价体系,根据评价结果对合作内容、合作方法与合作时间进行必要的调整以及对有关人员进行适当的奖惩。可以考虑实施第三方评价或多方参与的评价体系以保证评价结果的客观性与准确性。

参考文献

[1]杨柳.校企合作培养创新型物流人才[J].商场现代化,2007(13):295－296.

[2]卞淑云.培养一流人才是建设一流高校的核心任务[J].陕西国际商贸学院论坛,2018(4):52－55.

[3]王振亚.全面落实“四个回归”努力建设高水平本科教育——学习“新时代高教四十条”的体会[J].陕西国际商贸学院论坛,2018(3):13－16.

[4]项喧.高职物流管理专业校企合作人才培养创新模式研究[J].物流工程与管理,2015(3):274－275.

[5]冯石岗,王紫璇.物流人才培养中高校与企业协同机制的构建[J].物流技术,2014(15):494－496.

[6]刘峥.地方应用型本科院校校企合作人才培养模式探索——以物流管理专业为例[J].高教探索,2017(3):41－44.

[7]赵宝芳.高职物流管理专业校企合作存在的问题及对策[J].教育探索,2010(8):60－61.

[8]刘伯超.高职院校物流管理专业校企合作中的问题与对策研究——常州机电职业技术学院物流管理专业校企合作机制探索与启示[J].物流技术,2013(17):470－473.

[9]赵玉国.高职物流管理专业“4＋1＋1”人才培养模式的构建[J].物流技术,2012(13):417－419.

[10]严霄蕙.高职物流教育校企合作长效机制的构建与实施[J].物流技术,2013(23):463－465.

[11]盛立强,杨思东.职业院校校企合作协同育人的探索与实践——以苏州经贸职院物流管理专业“四进四化”模式为例[J].职教论坛,2018(5):113－118.

产品设计专业建设及校企合作模式研究
——以陕西国际商贸学院产品设计专业为例

胡占梅
（陕西国际商贸学院　珠宝学院　陕西西安　712046）

摘要：伴随着改革开放的推进和生产力的迅速发展，面对中国制造转向中国创造的迫切需求，产品设计专业的建设需要不断深入完善，通过理论和设计课程的不断改进，逐步建立完善的培养方案，使学生具备行业需求的设计能力、创造能力。本文从陕西国际商贸学院珠宝学院的产品设计专业建设角度，阐述其专业建设及校企合作方式，探索产品设计专业更好的培养模式。

关键词：产品设计；专业建设；学生；能力；校企合作

作者简介：胡占梅，女，河北人，艺术学硕士，研究方向：产品设计专业建设、产品造型及文化设计研究

引言

产品设计专业伴随着改革开放一路走来，这40多年也是中国产品设计不断完善的过程，通过借鉴国外先进的教学理论、教学思维，结合本土的学生及学习特点[1]，更好地培养学生，助力中国创造，完成职业教育目标，力争使学生掌握一技之长，更好进行就业。

一、国内高校产品设计专业现状

大学是学生就业的终端培训机构，是学生学习各种知识储备和技能的场所，改革开放40多年带给大学教育更多的改变，产品设计专业旨在培养具备设计专业基础理论、知识及应用能力的人才。本文以产品设计专业的研究点，总结其专业课程在理论和实践方面的改革变化。

（一）产品设计专业目标

产品设计专业是一门艺术、技术和材料相结合的学科，既需要掌握学习产品设计的相关艺术理论，也需要计算机、手绘表现的能力，还需要创新的设计能力，集工学、美学、经济学、材料学于一体的基础学科，这些知识都是相辅相成、缺一不可的[2]。产品设计专业建设就是以培养出满足行业、社会的职业要求的学生为目标。

产品设计专业的设立是为了培养创新性设计类人才。鉴于目前这类人才资源较匮乏，各个学校也都在不断地采取各种手段努力提出教学方案的修改性意见，为

培养这方面的人才作努力。

(二)产品设计专业建设特点

目前国内的产品设计专业较优秀的院校有:清华大学、湖南大学、东南大学、中国美术学院、江南大学、天津理工大学、陕西科技大学等。这些院校各有侧重,如江南大学的产品设计,注重产品创意及交互设计的研究,并形成了以辛向阳等教师为代表的设计哲学、交互与体验设计、服务设计和用户体验研究方向,辛向阳也被称为中国交互设计的带头人。同时,专业的建设也与院校的特点密不可分,每个院校都有自己的知名学科或者专业。天津理工大学的产品设计则注重对玩具设计能力的培养;中国地质大学的产品设计,则以珠宝首饰设计为方向,旨在为中国培养珠宝首饰设计人才。受到独立学院自身特性的影响,产品设计专业的人才培养具有一定的特殊性[3]。

(三)产品设计专业课程设置

产品设计专业课程设置特点,主要从其本科及研究生课程的相关性进行分析。目前,产品设计专业课程类型主要有:基础课、专业课、实验课、创新设计实训课、实习课等。专业基础课程主要有:产品设计效果图、人机工程学、设计心理学、设计方法学、产品模型制作、计算机辅助工业设计、产品形态设计、产品展示设计、产品手绘、产品设计原理与方法等。基础学科:素描、设计素描、色彩、设计色彩、三大构成等。课程考核:大多课程设置为考查课形式,主要以学生作业设计表现能力的培养为主,并不以理论考试形式进行,但设计心理学、设计方法学等则以理论课考试为主。

实践教学环节是大学阶段都需要注重培养的能力,且每个院校的培养方式也不尽相同。如产品模型制作、陶艺等课程,大学的产品设计专业中这些实践课程主要是以培养学生的动手能力为主的,这对于产品设计专业的学生掌握产品的开模、材料的特点是有极大帮助的,对于今后进行实际设计案例的完成有着积极的意义。

其次,产品设计专业的学生也会通过参加学校组织的各种实习实训完成对于和课程相关的知识学习,如大多数学校会组织学生外出写生,如到安徽宏村写生,锻炼学生的速写绘画能力。除此之外,学生还参加各种设计大赛,也对培养学生的实践能力有帮助。亦可参与教师课题研究,以项目驱动的形式参与实践,学生可以参与教师的科研项目,以此作为社会实践,可以让学生更好地了解和行业相关的一些知识,加深理论与实践的结合[4]。

最后,每个学校结合自己的优势学科、特色专业及定位都有所不同,在进行人才培养方案制定时也会有所不同,所以在实践教学环节的安排也会有所不同。实践教学环节的考核以学生表现为主,主要以其作业完成效果、项目参与度以及平时表现为主要考核点。

（四）产品设计专业培养方向

产品设计专业的落脚点，还是要将学生培养成有用之人，而且每个学校都要结合自身优势，进行人才培养方案的策略制定。对全国产品设计专业人才培养方向建设策略分析总结如下。

第一种培养策略：以限定方向进行产品设计专业建设。如产品设计专业下设小方向，对于学生掌握这个小专业会有更细致的学习。

第二种培养策略：以培养符合地域发展需要的人才进行专业建设。如浙江宁波地区的产品设计依托义乌小商品批发市场，注重在大学中培养学生的小商品设计加工能力。这种策略注重依托地域发展优势，对大学产品设计专业的培养方案进行制定，便于学生助力当地企业的发展。

第三种培养策略：以就业为导向进行专业建设。产品设计包容范围广泛，必须注重学生的就业方向。近些年，就业比较火爆的专业都与计算机有所关联，所以产品设计专业的网页美工、交互设计、用户体验、PS 绘图师等就业方向，都是大学的培养方向，与就业市场联系的也会更紧密[5]。

第四种培养策略：以兴趣为导向进行专业建设。学生的兴趣是最好的导师，如陕西科技大学的产品设计专业，会进行工业产品造型设计、产品包装设计的专业方向选择，这就是结合学生的兴趣进行的专业方向培养策略。

此外，还有结合新技术、新材料的产生，对产品设计人才培养方案进行修改，如新材料、3D 打印技术都需要让学生有所了解，这些内容需要学生在设计中进行体现，才能设计出更符合时代需求的产品，成为更优秀的产品设计师。

二、产品设计专业人才培养分析

产品设计专业的建设，最终目的是为了培养设计人才，产品设计专业人才能力培养有着自身的特点，与其他专业的区别有很多。本章节主要从产品设计专业人才培养特点、方式、方法、素质能力提升方面进行阐述。

（一）产品设计专业人才能力培养途径

现代大学教育除基础课程外，最重要的就是培养学生的各种学习能力，大学的教育除了理论知识和专业的动手能力，通过理论教学、实习实践课程进行学习之外，最重要的一点就是学生是否具有创新能力[6]。如何提高学生的创新能力是非常值得思考的问题。

（1）国家每年都举办创新创业设计大赛，学生每年都去参加大学生创新创业设计大赛，这个比赛不单单是让学生完成一份报告书的书写，更重要的是要完成对于创新和创业的相关知识要有心理准备，如果能够获奖，那么更有机会参与项目的具体实施。学生参与创新创业设计大赛，提高自己的创新意识，不仅是产品设计专业学生最应该具备的能力，也是锻炼自己领导团队，掌握创业相关知识的良好途径。学校应完善各种实践教学环节,为产品设计专业的人才能力培养模式改革的研究奠定基础[7]。

(2)通过参加各种专业相关的设计大赛,鼓励学生进行创新产品设计。江南大学设计学院的产品设计专业,几乎每年都有获得国际红点奖、包豪斯设计大赛大奖的奖项,通过参加比赛,实现"以赛促教"[8],这样的形式,学生不仅获得比赛的荣誉奖金,也更好地实现学习积累。这也是产品设计专业学生进行教学实践的一个非常常见的形式。

(3)学生毕业设计的完成过程,也是学生实践自己大学四年知识学习的重要途径,通过毕业设计的选题、方案设计、草图绘制、三维建模、产品模型制作、毕业展板制作、毕业论文书写,这一系列的自主完成学习流程,让学生对于产品设计专业有完整的认识,更好地锻炼自己的创新能力。

(4)学生加入学院的"设计工作室"。产品设计专业在大多数院校中,其最常见的实践教学方式是以"工作室"的形态存在的,成立设计工作室[9],一般是以"导师制"的方式进行管理的,每个工作室都安排有一个负责的教师,对学生进行督导学习及相关的实践项目制作。这样其实是给学生提供一个实践场所,摆脱传统教学的上课学习环境。工作室倡导学生主体,自己管理自己,注重于教师的讨论式学习,承接校内外的实践项目。对于学生来说,在未出校门之际,就有了接触真实项目的机会,参与项目的制作以及产品的整个设计加工流程,这样的学习机会对于产品设计专业的学生来说是非常宝贵的。

(5)校企合作组建的"项目组"。现在有很多学校和企业进行合作时组建"项目组",这也是企业设计师到高校中来,与学生零距离接触,进行设计碰撞,产生新的创意产品的常见方法,其存在形式与工作室类似,可又受项目时间长度的限制,以项目的存在时间为界定。

(6)学院与某企业构建"院校实训点",利用学生实习实践课、课外实践周,或者寒暑假,带学生深入企业,与企业的工程师了解产品的设计制作过程。应用型人才培养应从职业需求角度出发设置人才培养目标,助力学生能力培养,采用模块化课程设置,设计合理的实践环节和项目[10]。

(二)产品设计专业人才培养方法

产品设计专业是一个包含范围非常广泛的专业,所以很多院校结合自己的方向,对产品设计专业进行了细化,如北京林业大学的产品设计专业是家具方向,天津理工大学的产品设计则注重玩具设计。这些方向的制定,仍然离不开专业人才建设的创新分析。

首先,了解并分析产品设计的专业特点,对每所院校的产品设计专业建设的背景、学校的一流专业、目前专业建设状况进行分析,对有条件、有能力进行"产学研"融合的专业方向,通过能力培养过程,将学生的创意、教师的科研以及企业的生产有机地融合在一起。在“产学研”融合过程中,充分发挥学生的主观能动性,实现人才培养目标。

其次,在学校大力发展校企合作模式下,产品设计专业尤其应注重产教融合的学生培养方式[11]的研究。在产教融合的过程中,学生可以参与教师科研项目的申报、论文书写、专利申请、企业项目合作等。这些对于提升产品设计专业学生动手能力、创意学习能力等有着非常重要的作用,同时也对提升教师科研能力及企业文化建设,都有着积极的实践意义。

最后,应注重产品设计专业教师能力的提高,通过提高教师的学习能力,才能提升其教育教学能力。所以,产品设计专业建设也离不开教师借鉴国外先进的教育教学经验,教师通过到国内外先进的国家学习其新的教学方式、新的技术,汲取国外学校的优势,进行教学的交流与合作,为产品设计专业的课程建设注入更多鲜活血液。

三、产品设计专业建设模式分析——以陕西国际商贸学院为例

陕西国际商贸学院的产品设计专业隶属于陕西国际商贸学院珠宝学院,该学院成立于 2004 年 10 月,是西北最早开设珠宝专业的高等院校。学院围绕着应用型人才建设,在实验室投资力度不断加大,为学生提供优质的学习环境,为教师提供良好的科研平台,积极支持民办高校教师的进修及深造[12],为教师的发展提供各种便利支持。同时,该专业实验设备先进,主要用于珠宝首饰鉴定、珠宝首饰镶嵌、矿物标本陈列、营销展示、设计手绘、电脑绘图室等,这些都为学生的学习和产学研合作打下基础。

学院产品设计专业依托珠宝鉴定加工发展平台,以珠宝首饰设计为发展方向,学生掌握一定的宝石学相关基础知识,并有机会参与以学习平台为依托的资格证考试以及实习和就业机会,与陕西国际商贸学院合作的企业众多,如与深圳爱迪尔珠宝股份有限公司、陕西戴梦得企业集团、河南中维珠宝质量检测中心、深圳爱丽丝珠宝、周生生珠宝、河南梦祥纯银制品有限公司、西安鹏翔翡翠珠宝有限公司、西安市昊龙珠宝首饰有限公司、西安众高管理咨询有限公司、桂湘自然博物馆文化艺术有限公司等企业合作办学,建立了多种合作方式。

本章节将重点对陕西国际商贸学院珠宝学院产品设计专业的校企合作方面进行的特色建设作出分析。

(一)“冠名班”——订单式人才培养策略

学院与企业构建“冠名班”的方式进行校企合作,冠名班的表现形式为,企业选择学校内大一或大二其中的一个班级,创建以企业名称命名的班级,目前珠宝学院有多个冠名班,分别为“爱迪尔”冠名班、“梦祥银”冠名班、“爱丽丝”冠名班等。

冠名班为学生提供相对优先的实习实践机会,并且在其就业时,企业优先选择

冠名班学生，并且企业会不定期地为学生提供奖学金机会，学生在大学学习期间，也有利用寒暑假到企业实习的机会。

同时，结合企业的用人需求，学院也可依据企业的人才需求对人才培养作出调整，为企业的需求进行量身打造，实现"订单式"人才培养，既保障企业的利益，也保障学生的就业，缩短学生入职培训周期，更好更快地适应用人单位的需求[13]。

（二）与企业合作举办大赛——实现"以赛促教"

陕西国际商贸学院珠宝学院依托各大企业的支持，每年都会举办由企业支持的设计大赛，产品设计专业学生亦是参加的主力军。目前学院较为知名的比赛有"爱丽丝主题设计大赛""周生生镶嵌加工大赛""梦祥银首饰设计大赛"等，这些比赛既丰富了学生的日常生活，也为学生提供更多的取得奖学金、获奖证书的机会，而且也实现了"以赛促教"的教学目的。通过专家对学生作品的点评，更好地让学生了解企业的特点及需求，有助于学生了解市场，了解行业，学院通过比赛也会邀请设计大师为学生进行讲座，让学生更快地熟悉与自己专业相关的新知识，开拓学生的视野。

（三）创办企业校园实训店——赢利式宣传

企业在校园内创办校园实训店，用于企业品牌产品的营销，为学生提供学习营销相关知识的平台，同时，每个实训店都有负责的班级，同学轮流负责店面产品的管理及销售，这对于增加学生的实践营销能力是有积极的促进作用的。

另外，企业以这种方式进驻校园，对其本身来说，既实现产品的销售，也促进其品牌在校园学生中的宣传，为学生今后成为品牌的忠实消费者有着帮助作用。这是"一举多赢"的方式，对企业也是一种赢利模式的宣传。

目前，陕西国际商贸学院校园内有珠宝品牌实训店 3 家，分别为"爱迪尔"实训店"梦祥银"实训店、"翠融珠宝"实训店。其中"梦祥银"实训店由产品设计 2016 级学生负责，这对于学生也是增长实践能力的最佳途径。

（四）重视行业资格培训——1 + X 证书制度

教育部大力推进的"1 + X 证书制度"，职业技能等级证书制度，是以毕业生具备职业技能水平的凭证，也是对自己大学教育学习成果的认定。

陕西国际商贸学院珠宝学院与中国宝玉石协会、中国国检中心、中国宝玉石协会（武汉地大分会）、中国轻工业部都保持了良好的合作关系，为学生提供 GAC（中宝协宝玉石鉴定师）、GLIJ（宝玉石鉴定师）、NGTC（钻石分级师）、GIC（钻石分级）等行业证书的培训及考试资格。此外，学院与中国地质大学（武汉）共同筹备珠宝首饰设计培训，完成学习即可获得颁发的证书[14]，学院努力创造条件，鼓励学生积极参与行业证书的资格考试，为学生的毕业就业添砖加瓦。

结语

产品设计专业建设在中国近 40 年的发展历程中一直在不断地探索和深入，全国的产品设计专业建设都在寻找自己的方式和途径进行教学探索。陕西国际商贸学院珠宝学院的产品设计专业建设也取得一些成果。

(1)学院秉承立足西北,服务行业的原则,发挥自有资源优势,办学 14 年来,学院已向社会成功输送了 4 000 余名优秀毕业生,分别在北京、上海、广州、深圳、云南、郑州、西安、新疆等地就业。

(2)学院注重专业人才建设培养问题的研究,学生学习方向有:珠宝鉴定、加工、设计、营销、管理等。

(3)注重学生综合素质的培养,毕业的学生敬业爱岗、业绩突出,连续 5 年实现毕业生 100% 专业对口高质量就业,受到了业界和用人单位的广泛好评与赞誉。

陕西国际商贸学院珠宝学院一直不断探索,力求为珠宝行业培养更多的有用之才。

参考文献

[1]吴婕,郝巍东."政产学研用"模式下的产品设计专业课程建设研究——以山西省传统工艺企业与高校的合作为例[J].设计,2018(11):111-113.

[2]邰杰.设计学类专业品牌化建设思路、举措的案例与启示——基于江苏高校品牌专业建设工程一期项目中期报告的成果精粹考察分析[J].设计,2018(7):90-93.

[3]崔平平,李启光,郭磊.独立学院产品设计专业人才培养与市场需求关系探索[J].美术教育研究,2017(10):74-76.

[4]刘锰,邓知辉,孙小进,等.基于"项目驱动、突出实践"的创新创业人才培养体系研究—以湖南信息职业技术学院航拍无人机系列产品项目驱动的专业建设模式为例[J].才智,2017(9):130-131.

[5]董卫民.基于就业导向的高职院校工业设计专业建设初探[J].美术教育研究,2011(12):124.

[6]马云,巩炯炯.产品设计专业数字艺术创新教学研究[J].陕西教育(高教),2016(6):8-10.

[7]林乙煌,赖惟永.产品设计专业强化实践教学改革研究——以云林科技大学工业设计为鉴[J].赤峰学院学报,2016(9):226-228.

[8]戚彬,孙晓明,李美玲,张雨滋.面向工业设计专业的产品设计核心课程群探索[J].中国轻工教育,2015(6):87-89.

[9]魏晓,杨汝全,曹小琴.工作室制度下产品设计专业主干课程校企共建实践研究[J].设计,2016(9):86-87.

[10]潘文芳,刘帆.产品设计专业应用型人才培养的课程体系建设[J].艺海,2015(7):113-115.

[11]李红."产教融合、校企合作"下的创新应用型人才培养研究[J].陕西国际商贸学院论坛,2017(2):23-27.

[12]杨建云.民办高校的教师发展问题研究[J].陕西国际商贸学院论坛,2018(2):34-36.

[13]单自勉,叶晓露.从市场需求谈产品造型设计的专业建设[J].中国商论,2017(5):166-167.

[14]吕天娥,杨向阳.基于职业资格证书制度的产品设计专业实践体系和制度建设研究[J].艺海,2016(10):111-113.

第三部分　校企合作与教育教学改革研究

深化产教融合、校企合作，培养应用型人才的思考
——以陕西国际商贸学院信息工程学院为例

张金博

（陕西国际商贸学院　信息工程学院　陕西西安　712046）

摘要：产教融合、校企合作是解决人才培养供给侧和产业发展需求侧结构性矛盾的根本之道，是区域经济发展和产业转型升级的现实需要，也是地方应用型本科院校培养应用型人才的必由之路。本文阐述了进行产教融合、校企合作培养人才的必要性，分析了当前影响校企合作各个因素及相应解决措施，提出一些关于学院如何深化产教融合、拓宽校企合作，培养应用型人才的改革思索。

关键词：产教融合；校企合作；应用型人才

作者简介：张金博（1971—），男，陕西扶风，校企合作主任，大学本科，高级工程师，主要研究方向：产教融合、校企合作、电子科学与技术、物联网、工业自动化及智能控制

在教育部2018年6月14日公布的《全国普通高等学校名单》中，全国高等学校共计2 914所，国家承认学历的民办高校一共有735所。民办高校作为普通高校的补充，让有志者成，让无助者有助，为国家培养了大量人才。但是随着我国高等教育进入普及化阶段，高等教育资源已不再稀缺，民办高校以提供入学机会为主要目标的外延式发展模式已难以延续。生源萎缩、毕业生就业率低、就业质量低，已使得为数不少的民办高校面临招生困难和陷入发展困境。为此，民办高校要主动围绕区域经济和产业转型升级，面向市场需求，以深化产教融合、校企合作为导向，以培养地方经济发展、行业和产业转型升级的应用型人才为目标，将学校的办学、管理和人才培养环节融合于产业链、服务链和创新链。习近平总书记在十九大报告中明确指出："完善职业教育和培训体系，深化产教融合、校企合作。"这也是党的十九大对新时代我国高等教育工作作出的新部署，充分表明了深化产教融合、校企合作、协同育人是推进新时代应用型人才培养与就业工作创新的必然选择，是当前地方应用型本科院校改革的必然要求。

产教融合是指产业与教育融合以及生产与教学融合两个方面，融合的本质是一体化发展。这就要求高等院校要紧跟经济发展中各产业行业发展的步伐，积极面对行业和产业的变化，在专业设置、课程开设、教学内容和教育方法等方面，都要与时俱进，与行业和产业发展要求一致，满足各产业行业发展的人才需求[1]。校企合作是指高等院校与相关企业在共同育人、合作研究、产品或服务的开发和创新中利用各自的资源优势，根据合作办学企业的知识技能要求，调整课程教学内容满足企业需要，同时利用合作企业的生产场地、设施设备和技术资源等培养学生的实践技能，使学生获得直接生产经验和技术。只有学生真正深入地了解产业后，才能更好地结合自身长处，找到未来职场的努力方向，避免盲目就业或创业。

一、民办高校实施产教融合、校企合作培养应用型人才必要性

当前民办高校的大学生，面对就业市场，拿着毕业证，两眼茫然，找不到合适工作。在就业时出现就业率低、专业对口率低、就业质量低的“三低”现象。其主要原因是民办高校人才培养模式没有形成自己优势特色，缺乏立足地方、融入地方、服务地方、贡献地方的思想，没有形成地方区域经济社会发展需要的产教融合育人模式，不能适应行业产业发展需求。为了改变以上状况，民办高校要增强质量意识，强化内涵建设，以深化产教融合、校企合作为突破口，主动融入产业转型升级，主要原因如下。

(1)实施产教融合、校企合作，有助于民办高校在人才培养中明确“教什么”“谁来教”“怎么教”3个最基本的问题。有助于民办高校在专业建设、基础能力、师资队伍建设等方面获得来自企业的帮助和支持，将会更好地促进民办高校与企业进行深度合作和有效对接，形成自己办学特色。

(2)实施产教融合、校企合作，有助于民办高校把专业培养目标与产业发展紧密联系，把理论与实践有机结合起来，加快课程体系改革，让人才培养与企业需求实现“无缝对接”。民办高校人才培养的定位是面向生产、管理和技术服务一线的应用型人才，因此，人才培养不能一味追求“高大上”，而要“接地气”，要深入分析行业企业所需的知识、能力及素质要求，与行业、企业共同制定人才培养方案，用行业、企业标准对接专业标准，共同构建产教联盟创新体系，形成专业与产业相互促进共同发展。

(3)实施产教融合、校企合作，有利于校企实现资源共享、利益共享。企业可充分利用高校的智力资源和硬件资源，实现与高校在技术和产品研发等多方面的深度合作与协同攻关，学校可以在学生实习实训、学生创业就业、项目合作等方面与企业开展合作。

(4)实施产教融合、校企合作，有助于民办高校培养教师“双师”素质，提高专业教师技能水平和整体科研水平。

(5)实施产教融合、校企合作,也是民办高校提高就业质量、提升办学水平的重要途径。人才培养质量好不好,毕业生水平高不高,用人单位才是最有说服力的。

二、民办高校影响产教融合、校企合作的因素分析

民办高校的校企合作主要涉及政府、行业、企业、学校、学生等各方面关系,目前民办高校校企合作模式还没有完全平衡好上述各方的利益,学生、学校、企业各方矛盾层出不穷,使得校企合作无法深度展开,没有形成合力,可谓"叫得响,落不实"[2]。影响产教融合、校企合作主要因素有以下几个方面。

(1)政府统筹和行业指导作用不强。校企合作的发展离不开国家政策的支持,一方面综观当前有关产教融合、校企合作的国家政策性文件,一般只是作出一些原则性和指导性的规定,缺乏推进策略、经费保证、税收保障、激励机制等有关促进校企合作的实质性规定,具体操作性文件还需进一步的细化和落实;另一方面行业协会对高校培养应用型人才缺乏指导,行业的最新技术、设备、行业标准不能够及时融入课程教学,制约了学校产教融合、校企合作深入开展。

(2)缺乏组织协调和交流合作服务平台。企业界急切盼望进入教育领域,而苦于没有渠道,利益得不到保障。学校急于找到对口的校企合作单位,但是缺乏这方面资源,离开了企业的参与,校企合作就是无源之水、无本之木。因此,政府、学校和企业可考虑设置专门校企合作机构,负责各方的固定联络,指导、推进和落实各项工作,同时也可保护各方的利益。

(3)企业缺乏参与人才培养责任感和积极性。在当前产教融合、校企合作的人才培养中,往往是高等院校有求于企业,而企业参与校企合作的积极性不高,参与程度不深,存在"一热""两张皮"现象。究其原因主要是,企业是以营利为目的的,经济利益最大化是它们的最终目标。一些知名企业由于规模较大,实力雄厚,各种人才齐全,在招人方面片面追求毕业生出处,往往不屑于与民办高校合作。中小企业则普遍缺乏长远发展规划,更愿意即用即招,以效益为中心,把学生当作廉价劳动力,只愿意摘果子,对费钱费时的育人过程没有什么热情和耐心[3]。

(4)学校方面机制不健全,缺乏主动服务市场的意识。由于民办高校产教融合、校企合作的运行机制和利益分享机制尚未健全,现有的教学运行机制导致学校在教学组织中处于中心位置,企业的地位相对被动,即使企业和学校达成合作协议,也难有话语权和决定权,很难参与学校人才培养方案的设计与实施,难以体现企业的主体地位和权益诉求。另一方面凡是涉及企业资产投入的校企合作,只能采取"捐赠"的方式,企业出不了账,利益得不到保障。凡是投入到学校的设备,在法律层面上就与企业没有关系了,即使保留产权,不入学校的资产账,但随着设备折旧,企业资本也在不断消失,导致企业与学校合作浅尝辄止乃至望而却步。此

外，校企合作要求学校和企业双方共同管理学生，共同承担学生安全风险，在诸多体制不完善的情况下，企业很难对学生进行有效管理，而学生自身也缺乏实践经验，规避风险的能力较差，经常给企业管理带来较大压力。归根结底是学校制度不完善，机制不灵活，缺乏主动服务市场的意识。

（5）家长冷，学生抵触。当前学校和企业都愿意让学生到企业生产一线去实践锻炼，但是由于企业枯燥的重复劳动和严格的管理制度，学生只有一时热情，不能深钻进去，只停留在表面，干一段时间后，就觉得厌烦，开始无所事事，加上薪酬差异，怕苦怕累，就有抵触情绪。另一方面，校企合作就业层次不高、对口就业率较低等问题使得家长和学生对学校也有意见，从而影响了校企双方作业务的正常进行。

（6）教师队伍结构不合理、“双师型”教师匮乏。高水平的师资队伍是提升民办高校教育质量的核心环节，但是大部分民办高校教师是来自传统本科院校的硕士或博士毕业生，理论知识有余而实践经验不足。具备较高理论知识，又有丰富实践经验，能指导学生实践的“双师型”教师严重不足，能积极参与企业实践、管理流程创新的就更少。这就制约了学校产教融合、校企合作深入开展[4]。

基于以上原因，民办高校在实施“产教融合、校企合作”，主要可以采取以下几个方面的措施。

第一，充分发挥政府主导和行业指导作用。地方政府制定和落实相应政策，充分发挥主导作用，在学校和企业行业之间架起桥梁，重点扶持本地所需重点专业发展。

第二，建好校企合作共享平台。学院应考虑建立“互联网＋学校＋企业”三维一体交流合作服务平台，实现校企资源整合、渠道共享等多项输出，促进校企共同发展，同时也可提高校企双方的社会知名度。

第三，深化产教融合、校企合作需要政府、学校、企业三方加强合作，让企业有利可图，让学校达成培养目标，让学生有所发展。

第四，建立了优质的教学团队，让学生在精英团队的言传身教中，获得更高的专业能力并积极参与实践。

第五，实行“引企入教”改革，健全学生到企业实习实训制度等，推动企业多种形式参与办学，支持企业需求融入人才培养，由人才“供给—需求”单向链条，转向“供给—需求—供给”闭环反馈，促进企业需求侧和教育供给侧要素全方位融合。

三、陕西国际商贸学院信息工程学院深化产教融合、校企合作探索和思考

陕西国际商贸学院作为陕西省的一所民办本科院校，紧紧围绕“应用型人才培养”进行战略调整与改革，牢固树立立足地方、融入地方、服务地方的办学思想，积极探索结合区域经济社会发展需要的产教融合育人模式，努力提高应用型人才

培养质量。信息工程学院作为陕西国际商贸学院下属的二级学院,此前在产教融合、校企合作方面也存在很多问题。如合作企业主要以培训机构居多,呈现出大、中、小型企业并存,实力参差不齐的局面;有些专业为了达到各级各类的评估指标,加之企业也有这方面的需要,双方一拍即合,临时握手,合作只是停留在协议上和短期利用上,缺乏深度合作内容,存在"一热""两张皮"等现象;在实践教学环节中往往以"参观"较多,流于形式,没有让学生真正地进入到企业中去做项目,完成项目,不能给学生提供较好的实习实训环境和就业发展空间。2018 年以来,信息工程学院建立由二级学院党政领导牵头,校企合作主任、专业负责人具体负责的产教融合、校企合作实施领导小组,加强对产教融合协同育人工作的组织领导,结合当前产业发展和新工科的要求,进行了大胆的探索和改革,取得一定成绩,现总结如下,供大家探索和思考。

(1)积极探索在二级学院层面采取混合所有制,实施产权式的校企共建方式。由于校企合作业务运营周期长、收益少、投资大等特点,对企业运营压力较大。可以探索在二级学院层面采取混合所有制,实施产权式的校企共建方式。校企双方通过设计产学研共赢的利益分享机制,实现校企合作中的利益共享,增加校企双方合作的黏性,企业可直接参与高等院校管理,输入产品标准、开发项目和企业文化,建立与市场同频共振的人才培养体系,真正落实和发挥企业重要主体作用,使办学成为企业的职能和义务,所有企业技术和管理人才,所有的新设备、新技术、新知识"招之即来,来之能用",促进产教融合、校企合作,应用型人才培养的长远发展[5]。

(2)采取"现场考察、团队协作、绩效考核"等措施,鼓励广大教职员工积极投入到产教融合、校企合作中去。信息工程学院重点构建三项推进机制:一是重点在学校侧,实施产教融合工程,引导各专业建立对接产业需求的人才培养模式,主动服务地方经济,了解和把握对口行业发展方向和需求变化,主动接受行业指导,专业群建设要对接产业群,使专业发展依托行业和产业;二是学院聘请企业行业专家与学校教师共同组建"专业教学指导委员会",共同商讨、明确专业人才的培养目标,确定专业教学计划方案和教学内容;三是加强与当地政府、社会组织、行业协会、知名企业的合作,在师资、平台、项目等方面实现共享。如在计算机科学与技术专业或相关专业中,学院根据企业需要,本着学生自愿的原则组织一定数量的学生为企业定向培养,输送人才,同时学校聘请企业的技术骨干,来校承担技术讲座和部分教学实习实训任务。

(3)转变观念、深化人才培养模式改革,积极推动校企共建校内外生产性实训基地、技术服务和产品开发中心、专家工作室等,做到校企的"无缝链接"。目前学院正在探索与企业的合作中,如何从专业设置、师资队伍建设、实验室建设、项目教学、实习实训、毕业设计、学籍管理、招生管理、考试管理等环节制定一套与产教融合、校企合作,应用型人才培养相适应的机制和保障体系。学院先后与设备先进、技术力量雄厚的中软国际有限公司(西安)、西咸新区沣西新城信息产业园、华灿光电(浙江)有限公司、陕西华星电子开发公司、陕西乐华恒业集团、西安子竹电子有限责任公司、陕西迈信科技有限公司等多家企业签订了学生实习就业协议。校企双方按照“共建、共管、共享、共赢”原则,有效实施产教融合和资源共享。学院每年在新生入学以后都要组织学生进入中软国际有限公司(西安)、陕西华星电子有限公司等多家企业进行见习参观,让学生对以后的学习内容、工作岗位能有直观的认识,对以后的学习起到指导性的作用。以岗位工作任务为导向,强化岗位实习。学院将本科四年级的学生,根据所学专业分别安置到相应的企业岗位进行实习。在实习岗位上把所学到的理论知识和企业的生产实践相结合,让学生在真实的工作环境中边学边做,边做边提高,将课堂教学延伸到工作实践环境中,提高学生实践技能和综合素质。如电子科学与技术专业大四学生在企业工程技术人员和教师的共同指导下,生产制造 LED 显示屏及相关的电子产品。

(4)组建冠名班和定制班,开展校企联合招生、联合定制培养。所谓企业冠名定制班,简言之,“定制班”是指学生在校期间,企业在相近或社会通用专业中选拔在校生组成定制班,然后学院按照企业提出的人才培养目标和知识能力结构,修订教学计划,组织教学[5]。我校先后与恩斯迈电子(深圳)有限公司、中软国际有限公司(西安)等多家单位签订人才培养订单,组建成立“恩斯迈冠名班”和“中软国际定制班”。特别是 2018 年信息工程学院与中软国际有限公司开展校企联合招生,联合定制培养,开启了信息工程学院多元化校企合作新模式,实现招生与就业同步、教学与生产同步。“中软国际定制班”设备全部由企业投资,企业提供真实开发项目,学生在企业技术员的直接指导下,进行软件编程和开发等各方面的能力训练,学生充分发挥各自的创意,操作完成来自企业的工作任务,由企业评价挑选使用,被选中作品的同学,企业还有适当奖励,从而激发了学生的学习兴趣。采用这种定制培养的学生针对性强,实践技能好,适应性强,同时可向准员工转化。一方面解决了学生就业问题,另一方面也为企业储备了大量后备人才。另外, 2018 年信息与工程学院与中软国际有限公司联合申报了教育部的协同育人项目,派出 8 位教师赴中软国际有限公司进行为期一个月的暑期实践进修,期望为地方民办本科院校应用型人才培养探索出一条发展之路。

(5)搭建创新平台,积极申报教育部产学合作协同育人项目,促进产教融合。信息工程学院在学院现有专业基础上,2018 年申报成功校级科技创新团队(物联网与智能技术创新团队),搭建科技成果转化和技术服务平台,加强与企业的合作,紧密结合产业及企业的发展需求进行技术和产品的研发,推动科技成果市场化。2018 年申报成功各类科研和教学项目 18 项,完成对外技术服务横向课题 21 项。同时积极申报政府各种创新平台,争取资金投入,2018 年申报成功教育部第一批、第二批产学合作协同育人项目 4 项,促进产教融合。

四. 结论

由此可见,产教融合、校企合作是民办高校应用型人才培养的一种模式,也是民办高校求生存、求发展的立足之本,民办院校应深化产教融合、校企合作,搭建高端合作平台,健全校内外实训基地,坚持校企"无缝"接轨、"零距离"培养应用型人才,建立"互利共赢"的"校企一体化"合作机制,真正实现你中有我、我中有你,促进教育链、人才链与产业链、创新链有机衔接,全面提升应用型人才培养质量。

参考文献

[1]李军,蔡可键,温小栋. 基于产教融合的应用型本科院校育人模式的研究与实践[J]. 高教学刊,2017,13:60-62.

[2]张云华,潘永强."产教融合、校企合作"应用型人才培养模式探索[J]. 教育现代化,2018,5(38):5-7.

[3]胡青华. 应用型大学转型背景下"产教融合、校企合作"人才培养模式的路径选择[J]. 沈阳工程学院学报(社会科学版),2017,13(2):235-239.

[4]刘文霞,郑立鹏. 产教融合、校企共建应用型人才培养新模式的探索与实践[J]. 中国校外教育,2017(6):9-10.

[5]王建明. 企业冠名工作室:一种校企合作模式的探究[J]. 江苏教育研究,2017,(12),57-59.

产教融合视域下应用型本科高校实践教学运行机制研究
——以陕西国际商贸学院珠宝学院为例

蔺小清 安梅 杨佳晨
（陕西国际商贸学院 珠宝学院 陕西西安 712046）

摘要 应用型本科高校办学定位基于以市场为导向培养具有创新精神、职业素养和实践能力的高级应用型人才。本文指出，产教融合、校企协同共建共享实践教学育人体系是实现应用型人才培养的必由之路。必须厘清问题，从政策保障、体系构建、双师型师资建设、信息反馈和优化评价机制等方面，构建一个长效性的实践教学运行机制，切实提高人才培养质量。

关键词：产教融合；协同育人；应用型；实践教学

基金项目：本文系陕西国际商贸学院教学改革课题（JG201815）阶段性研究性成果

作者简介：蔺小清，女，硕士研究生，讲师，珠宝学院党总支书记兼副院长，研究方向：高校教育管理

安梅，女，硕士研究生，讲师，研究方向：宝石学教学与研究

杨佳晨，女，硕士研究生，助教，研究方向：珠宝设计

一、前言

国务院办公厅《关于深化产教融合的若干意见》（简称《意见》）明确指出，深化产教融合，促进教育链、人才链与产业链、创新链有机衔接是当前推进人力资源供给侧结构性改革的迫切要求，对新形势下全面提高教育质量、扩大就业创业、推进经济转型升级、培育经济发展新动能具有重要意义。产教融合、校企合作也是应用型高校培养高素质应用型人才的必由之路。高校要在抓好理论教学的同时，引入产业行业资源参与实践教学体系建设，建立科学的运行机制。当前，因为各种因素的影响，高校的实践教学相对理论教学体系而言，还不够完善。人才培养与行业发展契合度不高，实践教学质量还远没有达到应用型人才培养的教学要求。关于实践教学改革发展目标，《意见》中也多次提及。实践教学改革主要应发挥企业主体作用，要深化“引企入教”改革，并鼓励以引企驻校、引校进企、校企一体等方式，吸引优势企业与学校共建共享生产性实训基地，推行面向企业真实生产环境的任务式培养模式。因此，建立符合应用型人才培养目标的校企协同育人实践教学运行机制对应用型本科高校人才培养至关重要。

二、当前校企合作环境下实践教学现状分析

实践教学是应用型人才培养的重要组成部分,是培养学生实践能力的重要教学环节,也是培养学生创新能力的主要渠道;是学生内化理论知识,了解行业动态的有效途径,也是提高学生综合能力与素质的重要平台。但受多种因素制约,目前很多高校的实践教学环节仍然存在很多问题,笔者通过对陕西几所应用型高校的调研,综合分析,发现主要包括以下几个方面的问题或不足。

1."闭门造车",实践教学目标不适应行业人才需求

出于种种原因,很多高校的校企合作流于形式或停在表面,在实践育人环节没有对标行业用人标准,与企业结合不够,仍然沿袭传统的实验教学目标,多做一些对已知结论的验证性实验,忽视培养学生多学科的实验技能和解决实际问题的能力,这就与应用型人才培养应对标行业技术标准,培养学生动手能力、创新能力和思维能力的目标相去甚远。

2. 内容陈旧、手段单一,缺乏对实践教育体系建设研究

当前校企合作环境下,很多应用型高校还未建立着重职业能力培养的实践课程标准,未根据职业需求规范设定岗位及岗位群,不重视校内学习与实际工作的一致性[1],校企合作普遍处于"认知实习""生产实习"等简单协作状态;同时存在实验内容陈旧,综合性、设计性实验比例过少的情况,鲜有校企共同开发的实训教材;且很多实验课均安排在理论课之后,一定程度上降低了实践教学的重要性。上述问题均导致学生理论与实践脱节,不能用所学知识解决实际问题,动手能力差的现状,同时导致实践教学难以层次化、体系化。

3. 师资不专业,过程监控不完善,教学效果差

一方面,新建应用型本科院校的师资以青年教师为主,普遍存在"从高校到高校"的实际情况,他们很少有在行业或企业历练的经验,动手能力普遍较弱,对企业生产经营和市场动态关注不足,在实践教学中难以保证对学生切实有效的指导。根据教育部相关文件的要求,"双师双能型"教师比例至少占到专任教师的30%才能满足实践教学要求,显然当前陕西的很多应用型高校这一比例偏低。另一方面,由于"双师型"师资不足,不能很好地对顶岗实习、生产实习等实践教学环节进行监控,加上很多企业没有专门的机构和人员管理实习实训的学生,校企双方在组织协调方面力度不够,造成实践过程监控不严,效果难以保证。

4. 条件不足,政策与制度不健全,校企合作不稳固

很多应用型本科高校都是新建院校,办学历史短、积累不足,尤其像笔者所在的民办本科高校,经费来源主要是学费和自筹,再加上近年来高校扩招生源增加,部分学校实验用房和仪器设备均有很大的缺口,仪器陈旧、损坏等现象也大量存在。另一方面,因为此类学校管理仍存不规范的情况,很多学校尚未建立能统筹管

理的校企合作机构，即使有些学校成立了产学研中心、实践教学管理科室等，但大多挂靠在教学处或其他职能部门名下，而企业资源、实习实训基地建设任务又在各二级学院，校院两级、各部门间责权利不明确，难以发挥应有的作用，往往造成重复建设、资源浪费；对协同育人没有系统性的研究和完善的制度保障，无法充分调动企业积极性，这些均是导致校企合作不稳固的重要因素；另外，校企合作缺乏制度保障下的动力机制，人才培养的长周期和企业对短中期利润的期待发生错位，企业积极性不高[2]。

三、校企合作环境下应用型高校实践教学运行机制的构建

笔者所在的陕西国际商贸学院珠宝学院自建院以来，秉承校企合作、协同育人理念，以培养学生实践能力为核心，在近14年的校企合作、协同育人模式下，在实验教学、社会实践、实习实训、毕业论文（设计）、第二课堂活动等实践教学方面与企业紧密结合，形成了校企共建实践基地—企业校内实训店—校企共建实验室—毕业论文“双导师”—企业客座教授等多层面、成体系的校企合作实践教学模式。同时建立了具有地域、行业及专业特色的实践教学平台，初步实现了学生、学校、企业三方受益的良好局面。

根据上面对校企合作共建实践教学运行体系中存在的问题，结合笔者所在学校和二级学院的实际，探讨实践教学在内容、模式、体系建设、校企合作关系稳固性、过程管理、评价反馈等方面进行创新，提出以下几点建设。

1. 政策保障，制度规范，构建校企合作的动力机制

强烈的利益驱动是校企合作共建共享实践教学运行体系建设的动力所在。高校的职能是为社会培养符合要求的应用型人才，企业参与校企合作是为了获得优质人才以提高竞争力，两者的结合点是学生。学生通过校企共建平台锻炼了能力，拓宽了就业渠道，提高了岗位竞争力。因此校企合作的动力机制关键在于如何最大程度满足学校、企业、学生三者的利益追求，形成多赢的利益关系[3]。解决这一问题在于，一是由政府出台相关的产学研合作法案，明确企业参与社会人才培养的责任和义务，并给予企业在税收等方面的政策优惠或经济激励，同时出台法律条款确保三方权益。二是学校应发挥服务潜能，主动为企业创造价值，并积极向企业宣传校企合作协同育人的重要意义。向合作企业开放资源，共享师资、实验室等，与企业在员工培养、科研研究、技术转型升级、企业形象宣传等多领域开展合作，并优先为合作企业提供优质人才。三是学校内部应设立产教融合的专门管理机构，出台完善的实践教学管理制度，加强过程监控，在确保教学效果的同时，减少企业在实践教学中的管理成本和安全成本，进一步提高企业参与合作的积极性。笔者所在的珠宝学院就根据校情、院情出台了本院内部的“产学研管理办法”，明确了学院的责任，将产学研任务分配到院内每个教师，充分发挥学校在产教融合中的主导

作用,尽可能为企业参与人才培养提供便利条件。政策出台后的3年间,校企合作企业从最初的四五家增至目前的17家,合作在广度和深度上不断延伸,效果显著。从全社会看,如果政府和学校都能出台相应的支持政策,建立动力机制,将会催进产教深度融合,使这项利国利民的事业产生更大的社会效益。

2. 以需求为导向,建立校企合作环境下的实践教学体系

学校在进行实践教学体系构建或优化过程中,一是应该紧紧围绕行业或企业用人标准和发展需要,把实践教学放在提高人才培养质量,决定行业未来发展的战略高度进行设计,确定培养目标,并在实践教学内容、教学方法、管理体系等方面综合设计,全面创新,增加自主设计性实验、专业综合性实验和科研创新型实验的比例,构建具有职业性、实践性和开放性特点的实践教学体系[4]。二是实施企业全面参学工程。积极邀请企业参与人才培养方案设计、共建共享实验室、共建实习就业基地、共编教材等协同育人环节的建设工作,引导企业参与人才培养的全过程。陕西国际商贸学院珠宝学院在人才培养方案设计之初,即采用"请进来走出去"的方式,在企业调研的基础上,邀请行业专家和企业技术人员、管理人员共同参与人才培养方案论证会和实验室建设论证会,确保培养目标、课程设计、实践教学条件建设符合行业标准和企业需求。同时,根据专业方向,与不同类型的企业共建珠宝鉴定、加工、玉雕等实验室,建立"深圳爱迪尔""河南梦祥银"等校园示范店4家,所有共建实验室和示范店全部按企业的真实环境和管理模式布置和运营,为学生提供了全真的校内实训场所,提升了学习兴趣和实操能力。在校外实践环节,实行学校教师和企业管理人员的"双导师制"管理模式,企业导师不仅参与学生实习实训指导,也参与学生的毕业设计和毕业论文的指导工作;同时出台了"珠宝学院学生实习实训管理办法",明确对学生的实践教学要求,在加强过程监控的同时,确保了教学质量。珠宝学院与中国宝玉石行业协会合作,将"珠宝鉴定师"等行业职业资格证书培训和认证体系引入实践教学体系之中,并同多家企业合作开展冠名的科技竞赛活动,进一步丰富了实践教学内容,让学生及早了解行业标准,增强了学习主动性,提高了教学效果。

3. 加强双师型队伍培养,切实提高教师教学水平

一是制定激励政策,对既承担教学任务又承担校企合作任务的教师予以工作量的认定和奖励,调动实践教师的积极性和主动性。二是鼓励教师深入企业挂职锻炼,学校既要给教师压担子、任务,也要给教师创造条件,搭建平台。陕西国际商贸学院珠宝学院在良好的校企合作基础上,积累了一定的企业资源,由学院出面和个人联系双结合的方式,在寒暑假期间将教师送入企业相应岗位进行锻炼;同时邀请企业的技术人员和高级管理人员担任学院的特聘讲师和客座教授,实现校企双方师资团队的培养和共享,有效促进了"双师型"教师队伍的成长。三是鼓励教师与企业开展以理论研究和技术升级为目的的科学研究工作。主动为企业创造效益、解决问题的，并将项目带入实践教学之中，在提高自身科研水平、实践能力的同时，丰富实践教学内容和手段，提升教学方法和效果。四是制定竞聘和考核制度，对到企业兼职的教师实行竞聘上岗，在“双导师”选聘中允许学生自主选择在校的实践教师，激励他们改革教学方法，不断提升教学水平。

4. 加强信息反馈，优化评价机制，探索实践教学的长性运行机制

一是建立校企合作环境下的实践教学信息反馈机制，反馈信息应该包括实践大纲的实施、实践教学内容、方法与手段，学生参与率、实习合格率、企业满意度、学生满意度、毕业实习与就业转化率等，信息收集来自学校和企业两个主体单位，内容复杂，因此应该利用大数据技术，建立相应的信息管理系统，以便于定期回访、深度调查、综合分析，为下一步优化评价机制，改革教学方法，修订培养方案提供科学的资料支持。二是利用反馈信息管理，依据实践教学分散性、阶段性、流动性的特点，制定实践教师、企业管理部门、学生三方互评的综合评价机制，对教师评价应充分考虑教师在实践教学过程中的管理能力和额外付出，对学生的评价应注重实践能力考核，对企业的评价应从实践教学参与程度，管理水平、支持力度等方面综合考量，为进一步优化基地建设提供参考。

总之，实践教学是高校人才培养的重要环节，在培养应用型人才中占有重要的地位。产教融合、校企协同育人是关系到我国未来整体人力资源质量和社会经济良性发展的关键因素，只有不断加强校企协同，深化合作，才能切实提高应用型人才培养质量，实现学校、企业、学生三赢的局面，为社会培养更多全面发展的高素质人才。

参考文献

[1]韦弢勇. 校企合作环境下的职业教育实践教学运行机制[J]. 教育与职业·课程与教学，2017(18):96-99.

[2]庄西真. 产教融合的内在矛盾与解决策略[J]. 中国高教研究，2018(9):81-86.

[3]雷利照. 校企共建共享性实训基地的措施研究 [J]. 职教论坛·实习实训，2012:70-73.

[4]曹晔. 新时代产教融合的几点思考[J]. 教育与职业，2018(18):5-10.

[5]阎国华. 企业参与高校实践教学的动力机制研究[J]. 学术论坛，2014(12):167-171.

陕西民办高校校企合作中的难点及对策

刘国玲
(陕西国际商贸学院　管理学院　陕西西安　712046)

【摘要】校企合作是科学技术发展到一定阶段的必然产物,是高等教育适应经济发展需要并与社会生产相结合的表现。本文从校企合作的教育背景入手,分析民办高校校企合作的现状及困难点,从政府、学校、企业 3 个方面提出了相应的解决措施。

【关键词】民办高校;产学研;难点;对策

【作者简介】刘国玲,女,河南长垣人,管理学硕士,讲师,研究方向:民办高等教育、人力资源

2016 年 11 月 7 日,第十二届全国人大常委会第二十四次会议通过了《关于修改〈中华人民共和国民办教育促进法〉的决定》(以下简称《新民促法》)。2017 年 9 月 1 日《新民促法》正式实施,标志着我国民办教育将进入一个制度环境更完善成熟的时期。在《新民促法》背景下,民办高校要发挥自身优势,探索和实践特色发展道路,创办出“高水平的民办高校”。其中提出了几个着力点,其中第三个就是建立产教融合、协同创新的人才培养机制。产教融合的核心是以人才培养为重点,共同利益为纽带,优势互补为手段,成果共享为保障。民办高校必须尽快建立产教融合、协同创新的人才培养协同机制,主动积极对接市场,时刻捕捉行业企业需求动态,根据社会需求进行人才培养的适应性调整,以校政企三维合力、企业深度参与为基石,呼应区域经济建设和产业发展需求。

在校企合作中,民办高校承担培养高素质人才的教学任务,同时承担向科研单位和企业提供优秀人才的任务。高质量的教学才有可能提供高水平的科研人员,才有可能培养高素质的人才,才有可能推动产业的健康、稳定、良性、高效发展。[1]对企业来说,校企合作一方面可以联合培养学生,减少企业的人力资源成本,主要表现在减少二次培训成本和降低培训风险;另一方面校企合作可以实现资源共享,提高运营效率。企业可以通过外包的形式将一部分工作交予高校来完成,这样不仅拓宽了高校的经济来源,同时也提高了企业的效率,而且对学生的动手实践能力的提高也起到了巨大的推动作用。

一、陕西民办高校校企合作中出现的问题

(一)落实不到位,合作停留在形式上

很多地方高校和企业的合作还只是迫于政策和外界压力,对于校企合作还仅

仅是停留在思想和口头层面,没有真正具体落实和推进。对于企业而言,由于民办高校向企业输送的实习学生,都缺乏一定的实际工作经验,这会给企业的经营管理带来不小的风险。[2]所以,这些企业其实并不愿意给这些学生提供真正实习的机会,只会把他们当作一种廉价劳动力,没有认真完成民办高校所委托的教学任务。基于这样的合作前提,教师和学生未能真正参与到企业的实践中,导致两者的实践能力得不到提升,校企合作的效应也未能凸显。

(二)企业需求与专业建设匹配度低

在校企合作过程中,民办高校为了完成实习基地建设的任务而缺乏深入调研,盲目与企业建立合作关系,导致学生所学专业与企业实际需求并不匹配或匹配度低。企业在没有充分掌握学生的专业技能的情况下,只是随便为学生提供一个实习岗位,并不在乎学生在实习期间是否提高了综合实践能力。民办高校和企业都只是为了完成合作而合作。

(三)制度建设不完善

校企合作协同育人人才培养模式的建设必然需要在学校管理制度、教学体系层面进行变革。而现实情况是民办高校的校企合作过程在制度上往往得不到学校的全面支持,从而使校企合作仍然停留在较浅层次,高校没有建立较好的有关校企合作系统的规章制度,或者虽然建立了相关制度,但操作性不强,无法保障这一过程的顺利进行。理论教学、实践教学和顶岗实习是大多数应用型本科高校常规的教学环节。校企合作的教学模式要求在教学过程中理论与实践有机结合,交替进行。而这一过程的顺利进行必须以校企深度融合为前提,需要企业深层次参与到整个教学过程中。而现实情况是很多学校的校企合作由于条件限制或其他因素的制约,企业不能深入参与教学活动。

二、陕西民办高校校企合作中的难点

(一)资金不足

对一般民办高校而言,最主要的办学经费来源是学生的学费收入以及少量学校的各项经营收入。产学研合作前期需要投入大量的科技经费,这些大批量的投入资金从哪里来,是个非常关键的问题,教师的科研经费需要有效保障。

(二)政策扶持不到位

目前,我国开展产学研合作,没有政府的政策扶持,没有相关法律法规保护,仅仅依靠合作双方协议开展产学研合作是不可能的。针对中国的国情,为了鼓励和支持产学研合作平稳有序开展,保障参加各方的有效权益和积极性,保证产学研合作产生效果的质量和收益,我们的地方政府应该作出符合我国实际情况的可操作性的具体规定,可以效仿西方发达国家先进的成熟的扶持政策,如政府采购、政府拨款、减免税收、技术支持、政府资金担保等多方面的优惠政策,在出台政策的同时还需要制定相关法律法规规范以保护双方利益。

(三)第三方机构的缺失

第三方机构为学校提供信息咨询服务,寻求合作对象,资金支持,为已经开发出来的科研项目寻找合作企业投入生产,监督科技成果转化。仅靠高校一方的力量开展产学研合作显然太单薄。而国内的院校,尤其是这些发展起步较晚的民办院校,科技创新意识、创新观念单薄,对于接纳一些先进的、前沿的、适应当下发展潮流的非正式社会团体、中介公司等心存芥蒂,将技术创新、观念创新阻挡在自己的防范意识屏障之外,不利于科研成果的生根发芽,更谈不上茁壮成长。

(四)产学研合作机制不完善

由于民办院校科研水平的限制,出于节约人力资源成本的考虑,与民办高校的产学研合作的企业多为中小型企业,这些企业往往凭借自己有限的相对较为薄弱的技术力量与院校合作,使用民办院校比较粗简、科技化含量较低的科研成果,注重投资小、收益高、见效快的低成本、低投入的项目。企业由于将更多的精力和重心放在追求丰厚利润和利益回报方面,很少会从长远利益出发来考虑前期的大量资金和成本投入,也不想在与高校产学研一体化合作模式中承担任何风险,这种想法和思路是不合理的。

(五)缺乏高水平人才

民办高校由于学校自身体制的问题,往往吸引不了高层次教师,同时由于各方面管理教学制度的不完善,也容易出现教师流动性频繁等情况。学校的发展要靠教学相长,教学治学需要稳定的教师队伍,加强高层次教师队伍的建设刻不容缓。民办高校由于受师资层次、数量的要求限制,很多时候会选择从公办高校聘请退休老师或者外聘兼职老师代课,这种方式可以在短时间内解决学校人才不足的情况,同时也可以通过重金聘请一些行业知名的学者从而提高学校专业建设办学知名度等,但外聘老师对学校的认同感、归属感不强,既不便于管理又有着很强的流动性,不利于学校的长远稳定的发展。民办高校在高层次人才储备方面的缺乏也是制约民办高校产学研合作发展的重要因素之一。引进高层次教师困难,教师流动频繁,科研成果的科技含量不高,这也是民办高校目前开展产学研合作面临的最突出的问题。加上如果没有特别成熟的能够投入到市场的可行的项目,如果单纯地依靠和科研机构合作,科研机构一般会直接选择企业合作,一定不会选择和民办的本科院校合作。

(六)科研定位偏差

教师开展科研项目更多的是片面追求学术价值,科研数量,他们往往更关注的是能否发表、能否获得资金支持以及能否因此评上职称等,还有一些教师科研项目仅仅看重发表论文的数量和质量。企业、高校、研究机构这三者之间缺乏行之有效的资源整合,缺乏科学的评价体系,缺乏科研成果的市场转化,缺乏为社会经济发展服务的动力。

(七)办学理念偏差

民办院校没有认清自身发展特点,没有将办学精力和办学重点放在特色学科建设和发展上,而是盲目向公办院校看齐,片面追求重点学科的数量,虽然表面看学校专业"多而全",但是教学水平有待提升,教学过程重理论,轻实践,也不符合特色化、差异化民办高校发展战略的基本要求,没有自己的办学特色专业,没有形成自己的品牌效应和专业特色优势。

三、提升校企合作的对策

(一)确立人才培养新理念

确立产学研合作教育的"大人才"观,通过专业建设和人才培养体系的改革,满足在校学生、社会人才以及教师发展的多维需求。合作教育各方的价值认同、利益统一和责权明确是驱动力形成的关键问题和合作特征,要深入探寻学校(教师、学生)与企业(企业主、员工)发展、互惠的利益交集,研究产学研合作教育合作途径与方法,融入项目管理思想。

(二)构建政策驱动机制

实行学校、合作企业(社会组织)以及行业专家组成的产学研合作教育项目理事会体制,解决产学研合作教育推进战略、推进项目、推进政策的决策、监督以及成效评估的顶层空白问题,通过实现合作各方责权利的合作契约关系,形成紧密的利益共同体。构建应用型教师、应用性研究的发展、激励平台,形成学校产学研合作教育的环境,构建教师实践应用能力培养平台,加大应用性研究和成果转化支持力度,激发与保持合作方的合作热情与利益回馈。以资金、人才、知识、技术、信息为纽带,建立双向介入、全程参与、责权明确、利益同享、风险共担的校企深度合作机制,构建校企事业发展与人才培养共同体。

(三)全面寻求地方合作

立足于为地方经济发展服务,寻求当地的企业社会资源支持。在校企合作初级阶段,在资金缺乏,缺乏合作企业实体的前提下,只能积极寻求社会资源的支撑,在原有的校企合作基地、实训基地的基础上,发展更高、更深层次的合作。要结合学院特色和专业特色,尝试开展订单式培养模式,校企联合举办以企业命名的实验班。尤其是要立足为当地地区经济发展服务,结合当地的支柱产业,探索与学校现有专业的结合点,为所在地区未来重点发展行业提供技术支援,拓宽合作领域,加强合作频率。学校应出台具体的产学研合作计划,合作步骤,定向培养全面促进本校学生就业。

(四)成立产学研合作部门

从长远考虑,必须成立专门的产学研合作机构,负责对外寻求产学研合作渠道,签订产学研合作项目协议,协议书中具体事项,如校外顶岗实习都要与企业签订培训及实习协议书,协议书里对于毕业答辩、人身安全保障、工资待遇、违约押金等都有明确规定,本着自愿报名、公平筛选的原则进行。追踪产学研合作项目动态,审核预算每年产学研合作投入。管理产学研专项资金投入。学校要想开展产学研长期合作项目,必须有专项资金确保项目运行,每年必须有固定经费来源,后期当项目产生的科研成果投入运营后,取得回报,从技术与市场的转换中获取办学资源,将获取的回报以一定比例用于寻求新的产学研合作项目。

(五)培养"双师"型教师队伍

为解决目前民办高校教师队伍实践弱的情况,积极引进行业内、企业中应用技术型高层次研究人员和行业实践经验丰富的人才作为专职教师。[3]在校专任教师应该全面提高科技创新能力,提升科研水平,学校应该给在校的青年教师提供晋升、进修的机会,尤其是读博、出国深造的机会,还能确保这些进修后的青年教师能回到学校来,为学校服务。还要鼓励任课教师到企业兼职,把在企业中的实战经验带到课堂上来,让学生身临其境,在课堂上实现专业知识和实践应用的有效结合,全面提升转化学校的科技产业化。"双师型"教师既要具有较高科研水平、教学功底,还要具有丰富的实践经验,还需要具有国际化视野,敏锐的市场洞察力,经常参加行业协会相关学术交流研讨,开阔思维。这需要教师自身的长期经验积累,更需要学校持之以恒的培养和投资,学校要长足发展,必须有一支结构合理,业务能力强,以博士、硕士为主的优秀教学研发队伍。

结语

校企合作是实现经济跨越发展的重要手段,其实质是经济、技术、人才诸要素的紧密结合。它可以整合资源,降低成本,缩短时间,直接实现研发生产一体化,是一种超常规的经济发展模式。经济要发展,高校要做强,企业要做大,必须走教育、科技、经济一体化的发展之路。

随着市场经济的发展,经济环境、高等教育和大学生自身存在的诸多因素使得大学毕业生就业难的问题越来越明显,而企业对高素质专业人才却处于饥渴状态,大学生却找不到工作,企业招不到人,就形成了所谓"结构性矛盾"。破解这一矛盾的办法就是要深化校企合作,通过合作充分发挥高校与企业双方面的优势,实现产学结合、优势互补及资源共享,实现高校和企业的同步发展。

参考文献

[1]何赛男,姜发根. 安徽民办高校应用型人才培养的现状、问题与对策——以供给侧改革为背景[J]. 浙江树人大学学报,2019(2):21.

[2] 张欣婷,李玉瑶,张婉怡,等. 民办高校校企合作存在的问题及对策思考[J]. 黑龙江科学,2019(10):52.

[3] 张 舒,林超群. 浅析校企合作人才培养模式下民办高校师资队伍建设的途径[J]. 管理论坛,2019(8):23.

校企合作与人才培养体系建设

曹馨予
（陕西国际商贸学院　管理学院　陕西西安　712046）

摘要：校企合作是培养应用型人才的重要途径，通过校企合作学校能够清晰地了解社会中所需要的人才类型，从而有针对性地开展教学活动，培养社会需求的人才，企业通过校企合作则可获得急需的人力资源，建立人才库。校企合作有利于人才培养体系的建设，有助于完善人才培养模式，将其贯彻始终可以达到培养高素质人才的目的。本文阐述了校企合作的意义、现状、存在的问题及未来发展策略，对校企合作与人才培养体系的建设进行了探讨。

关键词：校企合作；人才培养体系建设；学生能力提升

作者简介：曹馨予，女，陕西西安人，讲师，硕士研究生，主要研究方向：工商管理、财务管理

校企合作进行人才培养在国际上被广泛认为是一种有效的人才培养模式，以美国“合作教育”、英国“工读交替”、日本的“产学合作”等为典型代表，通过整合高校和企业的教育环境和教育资源，使校企共同参与人才培养过程，构建能力培养与创业就业互促进有效机制[1]。我国校企合作起步较晚，主要以引进国外模式并加以改造的方式应用为主，但由于经济、文化和社会发展水平等因素的制约，目前仍旧处于浅层次阶段，主要应用于高职院校教育领域，而普通高校校企合作在深度、广度等方面都存在很多不足，其典型代表就是当下校企合作缺乏有效的运行模式，多数校企合作仅限于表层形式，企业文化与校园教育没有真正融合，是制约我国校企合作进一步发展的瓶颈。企业缺乏动力是因为校企合作不能为企业带来利益，培育出的人才不能适应企业需求，因而校企合作需要融入人才培养体系中，并以培育出的人才反哺，为校企合作增添助力。

随着我国高等教育由精英化向大众化转变以及社会发展需求的不断调整，我国高等院校逐渐形成与之对应的多种人才培养体系，可以适应企业不断变化增加的对人才新的需求，研究当下校企合作和人才培养体系间的相互关系并不断优化，发挥二者相互协调促进作用，是未来教育发展的必然趋势。因此具有优异社会适应性的人才培养体系是构建顺畅的校企合作的必然选择。

一、校企合作在人才培养体系建设中的意义

1. 有利于高校人才培养体系建设

高等教育是以培育出具有高专业技能的人才，促进科技水平的提高与发展，满

足推动社会进步的需求为目标的。我国高等教育事业在改革开放后进入了一个新时期,涌现出一大批较为科学的教育体系和人才培养模式,为我国的经济发展和现代化建设输送了大批人才,满足了社会发展的需求,为我国的社会主义事业不断提供了新鲜的血液。随着我国改革开放事业进入新时期,高校人才培养体系建设需要与时俱进,了解当下社会对于学生的知识、素质、技术、能力的需求,并以此为基础进行有针对性的专业设置和课程调整,建立以社会需求为中心的培养模式[2]。作为人才最终流向的企业,对社会需求十分敏感,能够在第一时间更新人才的定位。因此,通过校企合作可以使学校及时获取社会对于人才的需求,从而特色鲜明地构建对应的人才培养体系,提升社会对于学院专业的认同感,确保高校可以培养出社会需求度高、行业人认可的栋梁之才。

2 有利于提升学生的个人能力

高等学府常被人称之为“象牙塔”,属于一个封闭的小社会,学生缺乏同真正社会间的交流,因而在学生真正步入社会后往往难以适应,四处碰壁[3]。校企合作可以为学生提供同社会沟通交流的渠道,通过真实的职业环境,让学生在掌握基本理论和基础知识的前提下,能够在真实场景中进行体验式学习,快速理解、领会在学校中学习的知识,身临其境地体验所学专业的岗位要求、职责,快速熟悉相关岗位的工作技能,迅速提高个人能力和综合素质,提升学生的就业竞争力。

3 有利于提升教师的教学水平

高校教师长期处于校园中,长时间的封闭环境使其难以及时了解到社会对于所授专业新需求。因此作为高校教师,不仅仅要具备良好的职业道德,较好的基本理论水平,还应根据所授专业的发展与社会需求的不断变化,及时开展行业分析,并将分析结果融入日常教学之中。随着社会对于复合型人才需求的不断提升,对于教师个人能力的要求也不断提升,知识面广、个人能力强、对于社会需求的变化较为敏感的教师,才能完成这一任务。校企合作可以为教师提供全方位提升自身教学水平与能力的契机,通过校企合作,教师可以参与到部分企业的日常运营之中,切身体会教学内容与企业管理运营间的相互关系,从而不断调整自己的教学思路、教学方法,与此同时,还能及时了解企业的新需求,有针对性地进行学习,提升教师的个人能力,最终实现高效教师教学水平的不断提升[4]。

4. 有利于增强企业的竞争力

企业间的竞争,最终是资源的竞争,而人力资源就是最为宝贵的资源。当下很多企业在招聘时对于人才质量大都难以满意,招不到合适的人才已经成为一个十分普遍的现象。通过校企合作,企业可以亲自参与到选用人才的培养中,根据自身需求制定相应的培养方案,鼓励学生学习对于企业发展有帮助的知识,使合作高校成为企业的人才库。在企业参与校企合作的过程中,可以对具有较高认可度的学生进行重点培养,第一时间选拔企业需求人才并以此为骨干和榜样,鼓励更多更优秀的学生参与进来,形成良性循环,从而实现企业人力资源质量的稳定和提升,增强自身的行业竞争力。此外校企合作实现了学校培养的人才与企业需求的高度吻合,提升了企业与学生间的对接程度,解决了企业对于人才的特殊需求。

二、校企合作的现状

随着我国社会经济的快速发展,我国对人才的需求量不断提升,在这种经济环境下进行校企合作,培养企业需求的人才十分重要,目前我国已经出台了一系列法律法规来促进校企合作的不断发展,但这些政策的支持力度较弱,国家教育部门和各级地方政府对企业参与校企合作的重视程度不足,严重制约了我国校企合作的进一步发展。此外,已经参与校企合作的企业和高校的动力与态度各不相同,高校为提升学生的能力、完善人才培养体系建设,往往非常积极地参与校企合作,但企业出于自身短期利益考虑对于校企合作往往持保留态度,因此出现学校积极投入而企业参与兴趣不高的现象。对于一种合作关系而言,仅仅学校一方积极进行校企合作是无法真正实现校企合作的目标与效果的。再次,已经形成的校企合作多数属于低层次合作,企业往往没有积极参与其中,学校设置的培养目标、课程等也与实际不相符。企业没有认识到校企合作的重要性,没有建立具有长远性的人才战略的意识,校企之间的合作很难长久。

三、目前校企合作存在的问题

校企合作在校内外社会各界得到了广泛认同,具有一定的优越性。但我国的校企合作还处于发展完善阶段,仍然存在着一系列的问题。

1. 校企合作院校层次低

据了解社会各界,普遍认为校企合作模式存在于层次偏低的高校,校企合作的人才培养及选拔体系尚未健全,校企合作也并未解决实际的就业难,企业人才短缺的问题等,这一系列的因素困扰着校企合作协同快速发展。这就造成人们对校企合作的片面看法。针对这些片面见解,应该重新树立全新的校企合作观念,建立健全校企合作制度,让企业、高校甚至其他行业领域重视人才培养的思路理念。

2. 校企合作保障机制缺乏

校企合作的主体是高校与企业。但仅有高校及企业,是不能全面实现协同发展与完成培养目标的。目前校企合作存在制度不完善、组织机构不健全等现象,这就要求,首先,高校与企业建立合作协同的目标,达成人才培养的共识。其次,要有建立健全的协调机构、法律政策法规进行完善的监督与制约。这就要求高校及企业以外的组织机构如政府起到有效管理的作用[5]。

3. 校企合作内容单一

校企合作要达到最初的目标,实现它的宗旨,就应该要求其合作有一定的深度与广度。目前,大部分高校与企业在校企合作的道路上试图走捷径,想快速实现人才需求计划,忽视了人才培养的内容。它们片面认为,校企合作是在为企业培养急需的大批普通技术人员,是高校提升就业率的有效途径。然而,校企合作不能局限于单一的生产工作内容上,而应注重提升高校学生的质量层次及人才培养的专业性。

4. 教师科研能力及实践经验不足

校企合作要求重视教师科研能力与实践工作经验。但纵观高校,普遍存在一个现象,教师拥有过硬的书本知识与应试能力,但缺乏社会专业岗位工作经验,同时,教师并没有给自己设立较高的科研目标,造成了普遍存在的科研能力差、实践经验弱的现状。解决这些问题,并不是一蹴而就的,而是应该从实际情况出发,重视校企合作深层次问题的改善,加强教师科研工作水平及实践实战经验,建设一支高知识水平的教师队伍。

四、校企合作促进人才培养体系建设的策略

学校与企业之间进行合作,培养高素质人才,使学生能够尽快融入到社会中企业中,与此同时不断完善学校的人才培养体系,是校企合作的根本目的。但是愿望与现实之间总是存在一定差距的。目前校企合作仍旧存在很多问题,需要各方努力不断完善。但从另一方面讲,这也说明了我国校企合作还有较大的发展空间,需要学校与企业间通力合作,不断完善与创新校企合作的新方式、新理念,因此,需要有针对性地提出校企合作的新思路、新策略。

1. 构建校企合作新理念

校企合作作为一种合作模式,是用人单位与待聘人员之间相互了解的桥梁,因此校企合作中应该以一种具有前瞻性和严谨性的目光看待合作,要换位思考,考虑合作双方的需求,才能更好地开展合作,充分发挥校企合作的作用,为我国社会主义现代化建设提供一批批高素质人才。校企合作中应构建正确的校企合作新理念,体现合作共赢、共同发展的愿景。企业应该积极参与到人才培养体系建设中,将自己的需求,社会的要求及时反馈学校,必要时派遣公司员工对学生进行授课,制定相应的企业培养方案,切实参与合作,让学生真正了解企业的生产及运营情况,使学生在了解的情况下有针对性地贡献自身力量。

2. 多角度全方位参与校企合作组织构架

积极参考国际上校企合作先进经验、思路和建议,成立由政府主导、地方相关部门协作,企业和校方共同参与的校企合作组织,由政府及地方相关部门提供政策支持,对校企合作提出指导意见,设立相应的国家或地方校企合作发展专项资金,切实调动参与企业的积极性,由企业为校企合作提供学校人才培养体系建设建议和行业发展及人才需求信息,在此基础上提供设施设备、工作实习场所和工作岗

位，设立企业导师参与学校教学活动[6]；而学校则在企业和政府相关指导意见的前提下开展与之适应的人才培养教育，为企业发展提供人力资源支持及服务。

3. 完善人才培养体系

在校企合作中，学校要想与发展前景较广的企业合作，必须提升自身的实力，建立符合我国社会经济市场需求的人才培养体系，不断进行教学体系改革，提高人才质量；对于企业而言，人才极大程度上影响着企业的发展，是产品质量优劣、生产效率高低的关键。因此企业对于人才的选拔都是极为重视、慎之又慎的。因此学校在进行人才培养时必须以企业需求为导向，在基础课程及专业教学中结合企业特点及需求，重视基本理论知识与企业实际生产需求的衔接，真正将校企合作与人才培养贯彻落实到实际教学活动中，使学校与企业间的合作能够长期保持，最终实现校企共赢。另一方面，高校需要对人才培养体系进行外部评估，及时调整专业课程中与企业合作不相适应的部分，优化专业设置，促进校企之间的友好合作。

4. 提升教师能力

随着社会经济及企业对人才的要求越来越高，学校必须建立具有高素质的教师队伍，提高教师整体素质，才能紧跟时代潮流，满足校企合作中企业对于人才的需求。这不仅需要教师具有较高的专业水平，还需要教师具有其他方面的高层次知识修养。因此教师要提升教学水平，必须要从多方面运用多途径提高自身整体水平。此外学校需要对教师进行定期培训，采取老带新或者高带低的形式，全面提升学校整体素质水平，为校企合作，培育企业应用人才，提高技能支持，将校企合作向多元化推进。

通过上述内容可以说明，当今高等教育需要校企合作，也只有坚持教育创新，加强学校与企业间的联系，加强产学研合作教育的研究与实践，不断开拓进取，努力提升教师的个人能力，及时调整专业课程中与企业合作不相适应的部分，优化专业设置，建立全方位、多角度的校企合作组织构架，完善人才培养体系，才能不断提升学生的个人能力。高校要充分利用校内外丰富的教学资源，优化人才培养机制和培训模式，增强自身实力，从而进一步拓展校企共同发展的空间，努力克服现有校企合作中存在的弊端，推陈出新，为国家培养优秀的社会主义现代化建设者而努力。

参考文献

[1] 林木. 美国高校合作教育支持系统研究[D]. 西安：西北师范大学，2011.

[2] 陈劲，张文学. 日本型产学官合作创新研究——历史、模式、战略与制度的多元化视角[J]. 科学学研究，2008(4)：880－886.

[3] 田平. 高职院校校企合作政策的现状问题及建议[J]. 十堰职业技术学院学报，2010(3)：5－8.

[4] 谢鹏,邬雨港.新制度经济学视角的高职校企合作长效机制研究[J].武汉职业技术学院学报,2010,9(4):39-41.
[5] 肖月,朱雪莲.浅谈本科应用性人才培养方案课程体系的构建[J].长春工业大学学报,2011(4):51-53.
[6] 崔玉翔,刘颖楠,石华敏,等.创新型工程科技人才培养规格探析[J].中国高教研究,2013(5):51-53.
[7] 卞淑云.培养一流人才是建设一流高校的核心任务[J].陕西国际商贸学院论坛,2018(4):52-55.
[8] 夏绘秦,周维.论民办本科高校的办学定位[J].陕西国际商贸学院论坛,2018(4):43-47.

民办高校校企合作培养人才的路径选择

孙侠
（陕西国际商贸学院　管理学院　陕西西安　712046）

摘要：随着教育事业的不断发展，校企融合是促进教育事业良好发展的重要举措，能提高人才培养质量，使学生进入企业后快速地适应工作。本文首先提出了校企合作的重要性，然后指出校企合作人才培养存在的不足，同时对校企合作人才培养效果不明显的原因进行分析，最后提出从校企合作共同制定人才培养方案、校企共建互利共赢平台、政府牵头推进校企合作、建立健全校企合作培养人才机制4个方面加强校企合作人才培养。

关键词：民办高校；校企合作；人才培养

作者简介：孙侠，女，陕西澄城人，管理学硕士学位，讲师，研究方向：人力资源管理、民办高校

一、校企合作的重要性

教育事业的不断发展，给高校教学提出了更高的要求。校企融合的人才培养模式，不仅使高校促进了自身发展，更快地和市场接轨，而且在很大程度上促进了育人质量的提高，进而培养出更多实践能力较强、综合素质较高的学生。校企融合的人才培养，其初衷是为了促进学生所学的专业知识能够和企业发展所需相结合，进而使学生的学习能够和企业的设备、技术两者之间进行互补，充分地满足学生的学习发展所需。但是，当前高校校企融合人才培养的过程中仍存在一系列的问题，并没有实现真正意义上的校企融合，过于形式化。采用校企融合办学、培养人才的模式，恰恰是应用了高校以及企业两种不同的教育资源，进而更加全面地培养学生，使他们在理论知识以及实践能力上同步提高。校企融合的人才培养模式，是以培养学生的综合能力为根本原则的，是将课程学习的理论知识内容和在企业学习先进的实践技术相结合的人才培养教育模式。进行校企合作，共同培养人才，这种方法的优点是人才培养的针对性强，根据企业的用人需求进行课程体系设计、教学内容设计和人才培养模式的构建，毕业生适应企业环境快，岗位工作能力强，队伍稳定性好，缺点是企业一次性投入的成本高、投入周期长[1]。

由此我们不难看出，采取校企融合办学的模式，可以说是促进教育事业良好发展的重要举措，不仅能在很大程度上提高人才培养质量，还能使学生在踏入企业之后，能快速地适应企业，进而为企业发展贡献自己的力量。

二、校企合作人才培养存在的不足

(一)校企合作人才培养模式较为传统

现阶段,我国部分民办高校人才培养模式仍较为传统,并且缺乏一定的办学特色,千篇一律。通过深入研究分析我们发现,当前民办高校人才培养模式仍存在一系列的问题。例如办学目标定位不准确,重视对学生的理论知识的培养,轻视对学生的实践能力的提高;办学口号非常响亮,但是实际办学却毫无特色。同时,在专业设置方面缺乏针对性;在教学实践方面,缺乏资金的支持,并且缺少技能实训课程;在教师队伍建设方面,双师型师资队伍力量明显不足;在教材的选择方面,缺少关于技能培训方面的教材;而且教学方法也较为落后。综合来说,由于受到应试教育的巨大影响,现阶段民办高校在人才培养方面过于注重对学生学习成绩的提高,却忽视了人才培养的初衷。

(二)校企合作人才培养缺乏深度

当前,部分民办高校校企合作模式注重表面工作,没有进行深度的融合,并且缺乏一套完善的保障制度,也就出现了校企合作层次较为单一的现象。很多高校在和企业合作的过程当中,仅仅是为学校提供一些简单的实习机会,这根本无法满足校企合作人才培养模式最终目标的实现。企业过于追求利益,但是在校企合作的过程当中,并没有获得良好的效益,进而也就出现了企业参与积极性不高的现象。

(三)校企合作过程反馈机制不健全

通过深入的调查研究我们发现,当前部分民办高校在校企合作的过程当中,企业为学生所提供的实习内容和学生实际所学的内容存在一定的出入。很多企业过分追求利益,并没有充分考虑到学生的专业性,也就出现了上述现象。这样一来,也就无法提高学生的实践能力,人才培养的目标也就无法实现。其实,这主要就是由于高校和企业之间并没有建立一套完善的反馈机制所导致的,学校和企业两者之间并没有及时进行沟通交流,进而也就导致了在校企合作的过程中没有形成一个统一的目标。

三、校企合作人才培养效果不明显的原因

(一)学校办学条件对企业吸引力不够

由于民办高校自身的办学条件导致学校和企业的合作难以进一步发展。一些学校设置的课程与社会需求脱节,专业不能很好地为企业服务,对口就业率比较低;校企合作人才培养定位不够合理、目标不很明确。再加上学校的校本位主义,使得学校仅从自身的角度去思考校企合作问题;实训实验条件限制了师生实践能力的提高,扩大了与企业用人之间的差距;教师虽有丰富的理论教学经验,但实践

经验和服务社会的能力欠缺。这些都会对企业参与学校的合作产生很大的影响。学校自身条件的好坏和人才培养的质量决定了校企合作的成败和深度。

（二）企业参与合作的积极性不高

对企业来说，参与校企合作，如果不能从中获得经济效益和创造财富，反而要投入大量的人力、物力和财力，造成财富的流失，这是企业所不愿意看到的。加上中国的人力资源丰富，市场劳动力供大于求，特别是技术含量低的企业，不用参与学校的合作就能招聘到大量的工作人员。同时民办高校自身条件有限，技术研发能力较薄弱，不能为企业开发新产品，提供技术上的服务。正因为上面的这些原因，使得企业参与学校合作的意愿不强，导致校企之间的合作难以进一步开展。

（三）校企合作法律法规不健全

虽然政府非常重视职业教育中学校和企业合作培养人才的问题，也大力提倡加快产教融合，深化校企合作，但是当前并没有相关的法律法规来为学校和企业的合作保驾护航，相应的可行性政策、法规都比较滞后。加上政府功能没有得到充分发挥，对校企合作资金投入不到位，对双方的组织协调性还不够，不能从政策层面为参与校企合作的企业提供支持。由于没有明确立法，使得合作双方的责、权、利没有明确表达，企业缺乏合作的积极性，学校也难于从自身出发制定相关标准。

四、加强校企合作人才培养的措施

民办高等教育发展关键在于坚持就业导向，不断满足企业和社会需求，只有进行校企合作，才能为企业和社会培养高素质、高技能人才。校企合作的人才培养不仅有利于促进学生综合职业能力提高，更有利于提高教师团队“双师”素质提升。为此，校企合作人才培养需采取以下措施。

（一）加强校企深度合作

1. 校企合作共同制定人才培养方案

专业人才培养方案是普通高等院校培养专业人才的基础，它是对人才培养目标、培养规格、培养过程和培养方式的总体设计，是普通高等院校安排教学任务、组织教学过程、实施质量管理的重要依据。可以毫不夸张地说，专业人才培养方案是高校运转的一个指挥棒，它制定的成功与否，将直接关系到人才培养目标能否实现。专业人才培养方案应该依据经济社会发展需要和学校自身的定位来制定，如果单纯依靠学校自身的力量制定专业人才培养方案是无法适应经济社会发展需要的。因此，在制定专业人才培养方案的过程中，都应在事先充分调研社会对专业人才需求的基础上，在培养方案论证中邀请行业企业的高管参与，根据社会需求来考量人才培养方案的科学性与合理性，充分发挥行业企业高管们丰富的实践经验，把握行业需求，找准专业定位，拓展专业内涵，凸显专业特色，在课程设置方面将有助于对经济形势的把握以及把实务性的课程添加到培养方案中。学校和企业合作培养人才新模式的构建可围绕人才培养方案、课程体系和知识结构、创新教学方式和综合评价体系“四要素”展开。[2]

2. 校企合作共建专业课程体系

学校通过企业对人才的不同岗位需求,优化资源配置,科学设置相关专业,重点培养优势专业和特色专业;校企双方也可根据需要共同建设一些专业课程体系,积极探索专业人才培养模式。专业课程体系共建应从理论教学和实践教学着手。

(1)理论教学以课程建设与改革为核心。以人才培养为目标,明确各专业的核心课程,精心设计课程体系。课程体系构建应实现课程综合化和模块化,并将教学内容、教学方法、教学手段及学习评价与课程体系改革有机结合,注重学生能力的培养。

(2)实践教学以实训基地建设为依托,重点以培养学生的能力为主。科学合理地设置实践教学活动在人才培养计划中所占的比例,学校要充分利用合作的平台,积极为学生开展校内外实践教学活动。同时重视第二、第三课堂方面的活动[3]。

(3)素质教育是通过开展丰富多彩、各种各样的素质教育活动,积极培养学生的素质修养和职业道德,以便全方面地提高学生的综合能力和素质。

3. 校企合作共同授课

在与校外企业建立战略合作关系的基础上,积极探索校企合作模式创新,将校外讲师“引进来”,推动专业学生“走出去”,构建起校企合作的新型教学模式。将校外讲师“引进课堂”开展校企合作授课。校企合作授课是以学校老师讲授为主,穿插企业专家讲座、教师点评、双向互动等内容,拓宽学生视野,加深对市场实务的了解,进而激发学生对专业的深入认识和主动学习专业知识的兴趣,也为学生实习实践环节和就业打下基础。部分实践性质强的课程由业界精英和本专业教师共同承担授课任务,专业学生“走出去”,真正进入企业接受专业学习。开展合作内容和形式多样的实践活动,设置多种实践模块供学生选择,最大程度地对接校企需求。利用寒暑假,组织学生进行岗位实训学习及实地走访。在实训过程中,企业可以派驻高级技术指导人员,通过实践合作项目,学生在学校即可接受企业专业技术指导,分析、解决实际市场问题,真正达到了理论实践相结合培养人才的目的。

4. 校企合作共建“双师型”教学团队

民办高校校企合作人才培养模式,要求教师既有专业的理论知识又有丰富的实践经验,但目前大多数教师往往只有理论知识,而缺乏实践经验。因此,建立一支综合技能型教师队伍是校企合作的首要任务。一方面,学校可以合理安排教职工在合作企业进行实践技能培训,使理论知识与企业的实际技能更好地结合起来;另一方面,学校也可以聘请具有丰富实践经验的工程师来校上实践课,结合实际操作,有针对性地教学[4]。

学校的发展离不开教师队伍的建设,校企共建双师型教学团队应秉承“引进来、走出去”的原则。所谓“引进来”就是除了专职教师之外,还要有计划地聘请企业专家、资深管理人员和企业技术人员来担任兼职教师,强化专业队伍建设。这些人的加入,通常会带来最新的生产技术、职业技能和职业经验,丰富了课堂教学,拓展了校企合作的内涵,提升了师资队伍建设的质量。所谓“走出去”是指选派教师定期进行企业实践锻炼、培训和技术开发,参加全国专业学术会议,掌握丰富的实践经验,使其具备真正意义上的“双师”素质,实现产学研一体化,进一步推动校企合作深入发展。

5. 校企合作共建实训基地

校外实践教育基地是普通高等院校从事教学、科研和服务社会的一个重要平台,也是高等院校人才培养和开展素质教育的重要场所。校企双方应该根据自己的资源优势,共同建设实训示范基地,由企业提供相关的技术支持、设备及经营管理等,由学校提供一定的场地和实习人员。校企联合在校内建立企业冠名的人才培养基地,企业为学生实习和教师科研提供支持。同时,校企合作还应该发展校外实习基地,即“厂中校”。企业为学校提供就业实习基地,为学校实习教学提供必要条件。积极完善实习生顶岗实践管理制度,健全学校和企业共同管理,以更好地保障学生在实习期间的相关合法权益,切实提高顶岗实习的质量。校企双方互利共赢的局面将使双方的合作更加持久和紧密。

(二)资源共享,共同发展

校企双方开展校企合作,应充分发挥各自的优势,实现资源共享,促进共同发展。就企业而言,在开展校企合作的过程中,应充分发挥其在资金和生产场地方面的优势,为高校提供一定的专项人才培养资金支持,为学生科研活动提供支撑,提高学生的理论水平;同时,为学生提供相应的实践场地,提升学生的应用能力。就高校而言,应充分发挥其专业理论水平优势,努力帮助企业解决生产过程中遇到的疑难问题,同时可为企业员工提供相应的专业培训,提升企业员工的专业技能,促进企业快速发展[5]。

(三)政府牵头推进校企合作

政府应成为校企合作的发动者、推动者,健立并完善由政府主导、行业指导、企业参与的人才培养机制,重点制定一些可以发展校企合作的法律、法规及政策,以便更好地促进校企合作制度化。这样,校企合作不仅使校企双方充分利用了自身优势资源,而且实现了各自利益的最大化,还带来了非常好的社会效应。同时,为确保校企合作顺利发展,需要合作的双方一起共同努力,更需要政府多渠道提供支持和保障。一是政府必须制定相关的法律法规,明确规范校企合作行为。只有通过立法,明确了双方在合作中各自的权利和义务,才能保障双方的各自权益。二是政府制定政策切实保障校企合作运行。政府可对参与校企合作的双方给予政策保障,出台相应的税收优惠、专项经费支持等,切实保障校企合作顺利运行。三是建立各个部门协作的管理体系。校企合作中涉及各个方面和各个部门,如何处理好各方和各部门之间的协作,是确保校企合作顺利开展的前提。因此,可在一定区域内组建一个协调各方的校企合作管理体系,进行科学管理,确保"产教融合"校企合作向更高层次推进。

校企融合是培养社会需求的合格技能型人才的重要举措,是学校、企业、政府三方携手合作的一种教育办学模式。在建设校企合作机制过程中,校企双方提供各自的优势资源,达到优势互补,资源共享。同时,民办大学在校企合作新模式的探索中,需要明确学校、企业、政府三方各自的责任及义务,共同努力发展职业教育,推动校企融合新模式的进一步发展,努力培养出符合社会需求的技能应用型人才,以便更好地推动社会经济发展。

(四)建立健全校企合作培养人才机制

加强对学生实践技能和专业能力的培养,积极探索和构建与社会发展需要相适应的人才培养体系,有效推进校企合作,建立校企协同培养人才的新机制,拓展校外实践教学资源,促进转变教育思想观念,改革人才培养模式,提升学生的创新精神、实践能力、社会责任感和就业能力,以使学生熟悉相关行业的具体运作过程,培养具有综合素质的专业人才。

1. 建立健全"校企合作"的保障机制

要想促进民办高校校企融合人才培养模式的良好发展,首先就需要建立一套科学完善的规章制度以及保障机制,全面促进学生的实践能力、创新能力的提高。与此同时,还应及时成立一个专门的领导机构,设立专门的办公室,并由学校教务管理中心来统筹协调全校学生的实践工作,明确各个部门之间的职责所在,将实践育人工作真正落到实处,最大程度地促进校企融合人才培养教学的有序进行。

2. 建立健全教师接受实践锻炼的长效机制

教师作为教学的重要组成部分,教学水平的高低,在很大程度上影响着学生的学习。因此,应建立一套科学完善的长效培训机制,促进广大教育工作者在教学理念、专业能力方面的提高,并积极鼓励教师到社会企业当中去挂职锻炼,到培训基地进行"双师型"培训,通过这样的方式,促进教师的教学水平以及综合素质的提高,更加得心应手地投入到接下来的教学工作当中。

3. 建立健全教师创新教学方法机制

民办高校在校企合作人才培养的过程当中,教学方法的应用发挥着至关重要的作用。因此,高校在教学的过程当中,可以将企业的优秀案例、优秀项目及时引入到教学体系当中,促进理论知识和实践应用两者之间的有机融合,在课堂教学的过程当中积极运用小组讨论或者是实践案例、现场观摩、翻转课堂、新媒体教学等新型的课堂教学方法,切实加强学生和老师两者之间的沟通交流,有效改善以往传统的教学模式所存在的不足，促进学生的理论基础、实践能力的综合提高。

4. 建立健全毕业生的就业指导有效机制

全面加强毕业生的就业指导工作，具有重要意义。高校教师应充分结合每一名学生的个性特点以及职业倾向，指导学生选择更加适合自身的职业岗位。同时应指导学生学习正确的求职方法、技巧，这样一来，就使学生避免了找工作时受挫，进入到企业后能更快地适应企业岗位，实现自身的最大价值。

参考文献

[1]钟华锋，陶照起等. 校企深度合作为企业培养人才的探索与实践[J]. 轻工科技，2019 (3).

[2]赵海霞，李晓晖. 浅析如何通过校企合作培养应用型人才[J]. 价值工程，2018(9)，2.

[3]蔺小清. 关于应用型本科构建实践教学体系的思考——以陕西国际商贸学院珠宝学院校企合作为例[J]. 陕西国际商贸学院论坛，2019(1).

[4]王小龙. 以校企合作为依托的高职院校“双师型”教师培养途径选择——以汽车检测与维修技术专业为例[J]. 陕西国际商贸学院论坛，2019(1).

[5]高玉潼，崔立民，葛茂竹. 以校企合作为依托建立应用型人才的培养模式[J]. 企业科技与发展，2018(9).

行业协会助推校企合作健康发展路径选择

梁卫平
(陕西国际商贸学院　管理学院　陕西西安　712046)

摘要:“校企合作”是提升大学生职业素养的重要方式,是高校培养合格毕业生的重要组成部分,也是企业参与人才培养的重要途径,近些年得到了高校与社会各界越来越多的重视与支持。但因受到各种现实因素的影响,其发展速度和当前质量与社会各界的期望相距较远,因此如何提升校企合作的速度与质量便成了高等教育乃至当前社会面临的重要问题之一。本文通过对校企合作参与各方的诉求进行分析,提出行业协会因其特殊的身份应在该发展过程中承担重要的责任,并在深入分析当前校企合作模式存在的问题过程中,就行业协会如何在促成资源共享、建立区域实习基地、激励企业主动性及介入课程设置等方面发挥应有的作用提出了较为具体的建议。

关键词:“校企合作”;行业协会;大学生就业;教学改革

作者简介:梁卫平,女,陕西咸阳人,硕士研究生,讲师,研究方向:区域经济、金融理财

一、校企合作发展需要高校、企业及行业协会共同协作

大学生就业难是困扰我们很长时间的社会问题了,但其实这些年我们一直说的大学生就业难总是与企业的招工难并存,究其原因,实际上就是人才的供给与需求互相不匹配,这里所须的不是数量上的不匹配,而是质量上的不匹配,而要解决这个问题就需要供需双方的互相了解与合作。从这个意义上来说,人才培养从来就不单纯是高校一方面的事,校企双方在这个问题上具有共同的需求和目标,所以企业应该主动积极地发挥作用,参与到高校的人才培养中来,从人才培养的供给侧源头来进行改革,从而把控自己所需人才产品的质量方向。

校企合作中校企之间的关系,实际上是人才的供需双方,学校负责生产合格的人才产品,而企业是人才产品的购买者即需求方,学校有责任生产培养出符合企业需求的产品——毕业生,而企业也只有得到了符合自己需求的人才产品后才能保证正常的生产运转,才能获取应有的经济收益[1]。然而,单个企业势单力薄,人才需求量也小,而且在社会快速发展的今天,个体企业的存续期难以预测,其人才需求承诺的兑现问题便难以保证,所以任何个体企业跟院校直接对接都存在很大的

困难,因此需要行业协会来发挥领头作用,这样可以从行业的高度出发与院校对接,在更高层次上实现人才培养的有效合作。

综上可知,在高等教育,特别是应用型本科院校发展的新时代,高等院校、行业协会及个体企业三者中,任何一方都再难以独立地存在,它们必须在广泛的联合中彼此互信互重,互促互进,需要在服务经济发展与服务人的进步中找到结合点,在实现行业发展与促进院校进步中利益共享、责任共担。

二、高校和企业在校企合作中的诉求

(1)高等院校在校企合作中的诉求。高等院校有强烈的愿望要培养出企业需要的人才,特别对于应届毕业生的就业问题及其重视,但是由于信息不对称等原因导致高等院校对企业人才需求的把握不准确和不及时,从而使得毕业生所学课程与企业需求脱节,最终影响人才供需的匹配。此外,有时候即使高等院校了解到企业的实际需求,但是某些课程想要在学校进行相关教学难度较大,这里可能有场地问题,也可能有师资力量的问题,这其中的师资不仅是针对学生进行实操教学的师资,也包括对常年身在高校缺乏实际工作体验的教师的指导人员,这些问题不解决,就业难与招工难并存的问题就很难得到解决[2]。由此可见,高等院校需要及时了解企业的人才需求,以便进一步制定和调整人才培养方案;关于学生训练场地的解决问题也是高校的难题之一;具有实际经验的师资力量不足问题是很多高校共同存在的问题之一。

(2)具体企业在“校企合作”中的诉求。企业的目的是招聘到合格的员工,包括足够的数量和一定的质量。传统的招聘方式是短暂的面试加上笔试,这种方式是很难全面衡量毕业生是否具备了企业所需的各项职业能力的,所以,大多数企业为了新员工更好地进入工作岗位,在其入职后是要花一定的时间与金钱组织岗前培训的。而当前企业岗前培训的方式也多种多样,有的是内部培训,这种培训方式的成本相对还不高,但有些要求较高的企业会采取职业培训的方式,这样成本就很高了。同时,这种带薪培训的培训效果常常要经过较长时间才能体现出来,这就使得企业的时间成本会比较高。因此,企业实际特别需要高校在人才培养过程中进行配合,从而帮助它降低这部分成本。比如学校可以早早对学生进行引导和相关培训,如鼓励并帮助学生考取从业资格证,或者加大实训课程的比重,帮助学生对行业基本操作技能进行熟练掌握等,这样企业招聘时就可以根据学生的学校表现来择优录用,录用后即可上岗,这样就会降低招聘成本也会提高招聘的针对性,招聘风险下降,培训成本降低,时间成本也会大大降低,结果检验的效率必然会更高。

综上所述,双方都有强烈的意愿希望通过校企合作培养来达成自己的目标,即培养出社会真正需要的人才。双方的良好合作将能使学生具有良好的职业意识,比如在实习中就初步具备顶岗生产的能力,在生产、服务等第一线接受企业管理,在实际生产岗位上接受师傅手把手教学,如果学生在这个过程中可以切身体验严格的生产纪律、一丝不苟的技术要求,感受劳动的艰辛、协作的价值和成功的快乐,那么也就完成了对学生组织纪律观念、良好的职业道德、认真负责的工作态度,以及艰苦朴素的生活作风、团结协作的团队精神和坚定乐观的生活态度等全方位的职业素养的培养,这将对高校、企业和学生个人都会有极大的帮助,使得学生成为受企业欢迎的人,实现毕业与就业的顺利接轨。

三、当前"校企合作"存在的问题

当前我国校企合作经过这些年的发展也出现了一些具有特色的发展模式,如有的学校引进了企业模式进行改革,进行劳动和教学相结合,还有工学交替模式、校企互动式模式和"订单"式合作模式等。这些发展模式各有优点,但总体来看,其存在的问题也很明显。

(1)校企合作缺乏法制保障。目前我国职教界的校企合作还处于民间状态,尽管国家已制定了相关政策来支持校企合作,但仍然没有真正的法律保障措施,一些地方还是把校企合作停留在口头上。从目前来看,整体上由于毕业生就业问题矛盾比较突出,所以学校相对比较主动,但企业表现得比较被动,不少企业甚至不动或者表现出排斥,导致大多数校企合作缺乏办学的内在动力,一边热一边冷,加上又无经费保障,劳动准入制度的执行也难到位[3]。对此,应尽快制定相关法律,并切实抓好法规文件的执行,以促进校企合作的良性发展,这将是推动校企合作最大的动力所在。

(2)各方认识观念有待提高。企业不仅需要普通高校的大学生,很多企业其实更需要掌握实际技能的职业院校的毕业生。但是不少地方的"普高热"还制约着职教的发展,上个好大学仍是整个社会公认的理想目标,而职业学校显然不是一般意义上的"好大学",所以也导致职业院校的生源和师资都很难保证的问题。另外,"学而优则仕"等观念还制约着校企合作的推进,大学生对于工作的正确观念还需不断引导[4]。对于这个问题,国家必须彻底打破旧的人才观念,如果可以把技能人才尤其是高技能人才的地位待遇予以提高,并以一定的法规文件形式体现出来,必将有助于这个问题的解决。

(3)学分互认还有难度。从当前实际来看,教学计划的制订权还在学校,企业基本没有参与其中,但是学校制订的教学计划与企业的岗位需求仍有较大距离,同时职业技能鉴定标准滞后于企业的发展。因此,政府如果能在需求动向上和职业岗位的确定上提高前瞻性,若能早于市场需要拿出相应的职业鉴定标准,将会对高等院校的课程开设等起到重要的引导作用。

(4)学院的教育改革措施还不配套。学校教学计划的制订和企业对人才的需求标准存在着很大的差距,从当前实际来看,若按照高校的教学计划培养,培养出来的人才只能是大众化的产品,远远不能满足企业的个性化需要,其主要原因之一就是改革措施不配套,缺乏系统性,从认识、政策制定和操作层面缺乏统筹的计划与安排。

(5)教学体制有待改革。关于教学体制方面,学院各部门之间呈现出各自为战的现象,对此学校应该鼓励各部门充分发挥其主观能动性,积极主动地探索校企合作模式,不仅应在政策上给予支持,而且应该在资金上给予保障。实际上现在有诸多因素制约着职业院校推进校企合作。

四、行业协会助推“校企合作”的责任

当前校企合作之所以存在这么多问题,究其原因在于校企双方虽然主观上都有意愿,但是因为操作难度比较大,牵涉的事情比较复杂,而且现有的经验不足,所以显得力不从心。就目前整体上来看,校企双方对合作的具体内容没有形成统一认识和规划,显得比较随意与肤浅,热闹有余而效果不足,因此需要发挥行业协会主体的作用,而行业协会因其特殊的身份,也有能力为校企合作双方服务,帮助双方解决其单方面解决不了的问题。

行业协会的优势主要体现在:行业协会在分析研究国家经济发展方式转变和产业结构调整升级对职业岗位变化和人才需求方面有先天优势;在指导推进相关院校与行业内会员企业合作,实施校企一体化方面有优势;在指导推进本行业相关专业教师到企业进行较长时间较高质量的实践方面有优势;在研究本行业教育专业人才培养目标、教学基本要求和人才培养质量评价方法,对专业设置、教学计划制订、课程开发、教材建设等提出有效建议方面有优势;在参与本行业职业教育教学基本文件、专业教学标准、实训教学仪器设备配备标准和教学评估标准及方案制定工作等方面也有优势[5]。因此,应积极发挥其优势助力校企合作的发展,并提出如下建议。

(1)促成校企之间的资源共享。如企业优秀员工与高校教师的互动互助,企业优秀员工可以成为高校教师的有益补充,以完善师资队伍的不足,高校教师可以成为企业培训的补充力量,节约企业培训成本。企业与高校的良性互动对双方甚至对整个社会都会产生积极影响。学校将企业人力资源开发计划与其教学大纲对接,鼓励企业委托学校进行员工培训,使企业人力资源开发和学校教学环节紧密结合,降低企业人力资源开发与职业培训成本[6]。学生在企业学习专业技术,企业的技术人才通过带教来实现教学相长,也加强自我提高。通过校企合作项目,将企业文化与理念传输给教师和学生,扩大了企业品牌与无形资产的影响,造就了企业的潜在合作伙伴和客户群体。

(2)在课程设置中发挥行业协会的作用。课程设置事关重大,单纯针对某企

业设置课程风险太大,需要行业协会从中沟通进行可行性分析;学校与企业个体合作中对人才的总体需求信息掌握得不够全面;个体企业认识问题的高度往往有限,即使有认识也没有能力从更高的层面去推动高校人才培养问题;行业协会可以从行业的角度去思考与对接人才的供需问题。

(3)以行业协会为中心建立区域实习基地。行业协会作为校企双方的中间人,在众多的企业中选择合适的企业建立实习基地供区域内有需求的院校使用,而院校在合作中挑选今后的合作伙伴,在建立实习基地等"初级层面"的合作关系外,将逐步推广到合作探索、合作改革现有人才培养模式等其它形式,促进双方共同发展。

(4)保证校企合作企业的优先挑选权。学校让合作企业优先挑选、录用实习中表现出色的学生,使企业降低了招工、用人方面的成本和风险,使企业感受到接受学生顶岗实习不仅不是负担,而且可以成为企业有效的劳动生产力,降低了劳动力成本。

(5)建立校企合作的新机制。要实现校企"双赢"目标,应让企业在确立市场需求、人才规格、知识技能结构、课程设置、教学内容和成绩评定等方面发挥相应作用,同时,应有相应的指导部门指导学校进行专业方向调整,开发、设计、实施灵活的培养培训方案,达到校企深入融合,而这项工作只有提高行业协会的参与度才能做好。

总体来说就是,行业协会可以发挥教学指导作用成为"信息源、资源库、助推器、晴雨表",可以及时深入地了解职业院校和行业企业的需求信息,发挥资源对接的桥梁和纽带作用;可以将行业企业的技术技能积累持续转化成优质教学资源;可以引入院校无法直接获取的资源助推院校各项改革;可以主导第三方开展职业教育教学质量评价,持续将行业企业技术技能积累转化成优质教学资源,真正做到从供给侧支撑职业教育改革发展。只有让行业协会作为重要的甚至特殊的主体之一参与到校企合作中并发挥作用,才能达到有效推动各方协作,建立更有效的校企合作新机制,共同从根源上从方向上解决高等院校人才培养与企业社会人才需求不匹配这一重要的社会问题。

参 考 文 献

[1]张宏. 国内外行业协会职能研究综述及展望[J]. 浙江理工大学学报(社会科学版),2018(2):40-48.

[2]陈贵梧. 行业协会提高了企业社会责任表现吗?——来自中国民营企业调查的微观证据[J]. 公共管理学报,2017(10):102-104.

[3]朱秀民. 校企合作办学模式制约因素与对策研究[J]. 现代教育管理,2019(3):92-93.

[4]常引,求赋. 关于中国"双一流"大学建设的思考[J]. 陕西国际商贸学院论坛,2018(2):20.

[5]石伟平,郝天聪.产教深度融合校企双元育人——《国家职业教育改革实施方案》解读[J].中国职业技术教育,2019(7):94-95.
[5]陶泱霖.企业参与职业教育校企合作的动因、冲突结构与消弭之策[J].教育与职业,2018(12):31-33.
[6]夏绘琴,周维.论民办本科高校的办学定位[J].陕西国际商贸学院论坛,2018(4):43.

基于校企合作的药学专业基础化学课程教改探索

李元慈
(陕西国际商贸学院　陕西西安　712046)

摘要:无机化学、有机化学、分析化学、物理化学等基础化学是药学专业教学计划中重要的专业基础课程,是药学专业学习和发展的基础知识。本文针对基础化学课程在药学专业教学中存在的问题,以校企合作模式为基础,多角度、全方位提出了教学改革方案,以期培养能够适应社会需要的应用型药学专业高级人才。

关键字:药学专业;校企合作;教学改革

作者简介:李元慈,女,汉,长安大学应用化学专业硕士研究生,现于陕西国际商贸学院医药学院任讲师

药学专业的培养目标在于培养药学学科基础理论知识扎实、实验技能熟练,能够从事药品开发与研究、制药、质量检验、临床使用指导等领域工作的高级专业技术人才。由于药学专业具有极强的专业性和实用性,为满足岗位实际需要,以校企合作模式培养高素质人才,走知行结合、教学理论与生产实践互补互促的育人道路是药学专业教学改革发展的必由之路[1]。基础化学包含无机化学、有机化学、分析化学和物理化学,作为综合性和实践性都很强的基础课程,是药学专业学习和发展的坚实基础。但在目前药学专业的基础化学理论教学中,存在着过于强调基础化学课程的系统性而忽视了基础化学知识与药学专业知识的相互联系的问题。在课堂教学中普遍存在基础化学理论知识讲授面面俱到,但缺乏与药学专业的联系,泛而不精等问题;而实验教学仍以从化学角度指导学生学习实验原理和方法并对实验结果加以检验的验证性实验为主,实验内容与药学专业联系不够紧密,无法对药学专业课程的学习起到很好的引导和连接作用。这些问题的存在都导致教学内容与实际工作仍存在一定程度的脱节,虽起到了为药学专业课程的学习打基础的基本作用,但难以帮助学生更加顺利地理解专业艰深的药学专业课程知识,且与实际工作需要存在一定脱节现象[2]。因此,以校企合作为平台,以实际职业需要为药学专业基础化学课程学习的出发点和落脚点,对药学专业的药物化学课程进行科学合理的教学改革是十分必要的。

一、明确学习目标,突出课程重点

基础化学作为药学专业的基础课程,许多药学专业的理论知识都要建立在坚实的化学基础上才能做到理解和掌握,然而基础化学课程体系理论知识涉猎之丰

富，程度之精深，要想做到全面掌握绝非短短几个月的教学就可以完成。因此在基础化学理论知识讲解中必须结合药学专业课程与化学知识的连接点，在课堂理论教学过程中就加以渗透，在学生掌握基础化学基本知识的同时挑选深度、难度适宜的药学案例进行知识拓展。例如，在讲解羧酸及羧酸衍生物这一章节时，可以引入常见药物阿司匹林（乙酰水杨酸）的合成路线设计，既能从学生生活中的常见药物入手，增强学生的学习兴趣，又能引导学生用所学的化学知识联系药学专业相关知识，解决实际问题，树立学生的学习信心，从而收到良好的学习效果。同时，注意在课堂中结合生产实践实例对理论知识进行多角度讲解，让学生不仅能够更加深入地理解化学理论知识，同时明确所学知识在今后实际药学专业工作中如何进行运用。应当明确的是，药学专业的培养目标是能够承担药学专业工作的高级人才，而非化学人才，因此在构建基础化学课程讲授架构时不能只顾化学这门课程体系自身的完整性和系统性，而忽视了最终的培养目标。这就要求教师在授课前要做到“一个熟悉，两个明确”，一个熟悉即熟悉药学专业人才培养的总体要求；两个明确指的是一要明确药学专业人才培养的具体目标，二要明确药学专业课程对基础化学课程的教学要求，在基础化学理论课程和实验实践中对教学内容和教学方式进行合理规划和设置。

要做到以上几点，对授课教师就提出了更高的要求。首先，教师必须具备丰富的实际工作经验和较深的药学专业知识背景，在设计基础化学理论知识讲解内容时，能够将具体的药学专业问题引入到课堂中来，并对学生加以引导，达到基础化学知识的学习为药学专业知识整体层次服务的效果；其次，必须对药学专业人才培养的目标和要求有精准深刻的理解和把握，才能摆正基础化学在整个专业中所占的位置和发挥的作用，达到培养应用型高素质药学专业人才的目的。校企合作的培养模式在这一点上有着充分的优势，教师既能借助企业平台不断提高自身的知识素养，丰富实践经验，又能使企业人才也参与到课堂中来，通过对教师队伍进行“双师型”培养建设，全面充实和提高师资队伍的整体素质[3]。

二、优化教学方法，提高教学效率

传统的教学课堂主要以教师讲授为主，学生学习较为被动，教材也是“菜单式”结构，学生多为学习受体，侧重点多在教师向学生单方面的理论知识的传授，而忽视了激发学生的自主学习能力和培养学生创造能力的重要性。这样的教学方式难以适应当今社会对专业人才提出的有思想、有能力、能实践的高标准、严要求，加上学科教学时数由于多学科的交叉重叠而不同程度地削减，也使现在的教学模式普遍面临着时间紧、任务重的困难。如何开展教学改革成为目前亟待解决的问题。

首先，我们必须改变老师讲、学生听的传统教学方式，要最大程度地调动学生学习的主观能动性。教师可变“满堂灌”为“多问少讲”的授课方式,在上课之前,要求学生做好课前预习工作,针对本节的教学重点设计启发式的问题,在课堂学习的过程中结合学生预习的知识,以任务驱动等有效方式引导学生针对具体案例进行自行讨论、分析,从而得出结论,完成知识点的学习。而教师作为教学的引导者、组织者,只在关键知识点上进行适当的补充讲解,使学生明确学习重点,深化对理论知识的理解,配合学生完成学习任务,尽量使学生能够更多地参与到教学活动中来,成为教学活动的主体,为学生自主获取知识营造良好的氛围。一些描述性的化学知识可以安排学生借助图书馆、网络等途径通过自学的方式来完成。教师选择难易适度的知识点作为自学内容,预先编制提问式提纲对学生自学进行引导,帮助学生把握重难点,并可采用翻转课堂、小组讨论、书面作业等多种形式对自学情况进行检查,确保学习效果;其次,鼓励开展形式多样的助学活动,加大学生的知识面,增强学生的学习兴趣。比如,可结合药学专业特点,开设与药理学、药物化学、药剂学等专业密切相关的课程的知识讲座,邀请校企合作平台的优秀人才担任主讲,使学生能够多方面了解对所学课程和专业;也可请企业人员走进课堂,与学生零距离接触,就讲解内容和学生进行答疑、讨论,充分调动学生学习知识的积极性[4]。

通过微课、网络教学、图书馆等多元学习方式,采取课堂教学和课外自主学习相结合的教学方法,不仅能够较好地解决课时减少和课程内容之间的矛盾,激发学生自主学习的兴趣,而且对培养学生自学能力,帮助学生树立科学的学习方法大有裨益。经过实践证明,这种教学方法在老师和学生中都得到了良好的反馈,也取得了较为理想的教学效果。

三、改革实验教学,加强技能训练

纵观目前大多数药学专业基础化学教学开设的实验课程,大多从化学学科层面设计实验项目,与药学专业结合程度不甚紧密。比如物理化学中胶体化学一章开设有溶胶的制备和性质实验,但只涉及溶胶制备、净化等环节,不能很好地与药学专业相结合,体现专业特色。因此,可对此实验进行扩展,设计开放性实验,结合药剂的制备和改良等进行实验优化,帮助学生明确实验方案,让学生参与到文献查阅、实验设计和实验完成的整体过程中,通过开放性实验将化学知识和药学应用紧密联系,让学生学以致用的同时培养学生的药学专业系统的科研思路。在实验课程改革中,校企合作平台也可以发挥重要作用,在分析化学实验中涉及许多与分析检测相关的实验内容,可邀请企业相关人员对学生进行实训培训,根据药学工作岗位结合学生自主意愿设置实训项目和实验课程,帮助学生学习药品调剂、质量检测、药品生产等岗位的实际工作能力,使学生在学校学习期间就能具备药学工作所需的基本知识、能力和素质[5]。在实验课程的教学改革中我们应当把握以下两个原则:①重视学生对基本操作、基本技能、基本仪器的使用和掌握情况;②化学课程实验的选择能够较好地体现药学专业对化学实验教学的要求，尽量选择与药学专业能够较好结合，体现专业特色的实验内容。

四、立足校企平台，创新培养模式

校企合作在人才培养体系中有明显的优势，企业可根据医药行业实际发展对培养方案给出与实际结合紧密的指导意见，包括专业教学计划和实践教学目标等，企业也可根据本单位的岗位需要在本专业开设相关的选修课程或应学校要求对目前药学专业基础化学教材及课程体系进行修订和完善，通过校企双方的共同参与，优化课程体系，更新课程内容，使学生的知识体系更加完善、全面，更符合实际岗位需要，帮助学生毕业后迅速与实际工作岗位内容接轨。

在培养模式的建立方面，针对低年级学生，可以利用假期结合企业需要开展社会实践，使学生与企业生产实践零距离，锻炼学生的综合素质的同时帮助学生适应岗位要求，提高就业竞争力；针对高年级学生，可建立校企联合实验室，以此为平台开展以企业项目为对象的课外科研活动、毕业论文等，立足于企业的真实课题，鼓励学生积极参与到自主创新科研实践中，在实践活动中充实理论知识，锻炼基本技能，培养科研素养，全面提高学生的动手能力和创新思维[6]。

校企合作是药学专业发展的强力推手和发展趋势，企业能够提供学校难以提供的丰富资源，学生只有在企业生产实践中不断学习才能成长为有竞争能力的高级科技人才；学校通过与企业的人员、设备等资源共享，提高教学效率和教学质量，学校和企业的共同参与确保实现人才培养的要求和目标；企业不仅能够通过校企联合培养得到高素质人才，为企业注入新鲜血液，还可以借助高校资源，在校企合作的平台实现企业的技术创新，推动企业发展[7]。只有校企双方建立密切的联系并充分利用有效资源，才能在行业中走上共生共赢的发展道路。

参考文献

[1]张秋荣，可钰，孙默然，等. 药学复合型人才培养模式的研究与实践[J]. 海峡药学，2011(8)：201－202.

[2]谢亚杰，江华生，韦晓燕，等. 新建本科院校应用型人才综合实验技能培养体系的构建[J]. 高师理科学刊，2010，30(5)：96－99.

[3]李川. 校企合作构建“双师型”团队的问题与思考[J]. 卫生职业教育，2019，37(6)：26－27.

[4]项云. 核心素养背景下创新思维培养的化学教学策略探讨[J]. 化学教与学，2018(11)：13－14.

[5]王军. 高校化学实验教学的改革与探索[J]. 课程教育研究，2019(6)：52.

[6]郑豪. 基于校企协同育人的创新人才培养模式研究[J]. 大学教育，2019(4)：168－170.

[7]杨正理，张家海，陈海霞. 校企合作协同育人人才培养模式探索[J]. 山东工业技术，2019(9)：235－237.

基于"互联网+"的审计学专业"产教融合"的理论与实践

曹庆娜
(陕西国际商贸学院　管理学院　陕西西安　712046)

摘要:产教融合主要是利用学校与企业的优势,按照专业的分类,着力提高学生的技能,而现有高校产教融合绝大多数仍停留在浅层的校企合作层面。本文主要分析了当前审计学专业"产教融合"的现状、存在的问题以及问题产生的原因,探讨了基于"互联网+"的审计学专业产教融合的优势,提出了基于"互联网+"的审计学专业"产教融合"的具体对策。在"互联网+"的影响下,我校审计学专业应审时度势,吸取有效的方法,实现对本专业应用型人才的培养。

关键词:"互联网+";审计学专业;产教融合;人才培养

作者简介:曹庆娜,女,陕西咸阳人,工程学硕士,讲师,研究方向:区域经济及企业资本运营,高等教育产教融合

高校的宗旨是培养优秀的人才,而人才培养关系到高校为社会输送的人才的层次和素质,是教育的出发点和归宿,是高等教育的核心职能[1]。近几年,许多高校更加强调产教融合对提升人才培养质量的促进作用。在"互联网+"背景下,我校审计学专业需要传承产教融合的精髓,积极应对互联网带来的各种不确定因素,针对人才培养中存在的问题仔细分析,以全新的方式"对症下药",方可促进产教融合的发展[2]。

一、产教融合的现实意义

产教融合是指教育系统与产业系统的有机结合,具有互利互惠、持续创新、促进就业的特点。中国产业结构升级和生产方式的转变使得用人单位对人才需求产生变化,产业结构由劳动密集型向技术密集型转变、由生产资料粗放型向生产资料集约型和资本密集型转变,这种转变要求高校在专业设置时尽可能与企业实现"零对接",以培养出高技能的复合型人才[3]。

"十三五"期间,为贯彻落实党的十九大精神,深化产教融合,由国务院办公厅出台的《国务院办公厅关于深化产教融合的若干意见》指出,应逐步提高行业企业参与办学程度,健全多元化办学体制,全面推行校企协同育人。从全国高校毕业生人数来看,2015 年是 750 万人,2016 年是 765 万人,2017 年是 795 万人,2018 年则是 820 万人,进入了史上"最难就业年"。如果学生找不到工作,就不能创造更多的社会财富,这将会严重影响社会的稳定,而培养创新型的应用型人才就显得尤为

迫切[4]。由于我国产业结构的复杂性、层次的多样性和职业教育基础的薄弱性，我国民办高等教育的未来发展更要立足于国情，培养适合经济发展需要的劳动力，确保经济的稳步增长。

绝大多数的民办高校由于自身的局限性，其处于侧重理论研究的研究型大学与侧重技术技能培养的高职高专院校之间，处境非常尴尬[5]。而深化产教融合，培养应用型技能型人才，是民办本科院校实现错位发展的突破口。此外，实施产教融合既可以使高校真正实现应用型、技术型人才培养的目标，又可以提高企业对人才引进的针对性和有效性，从而使得学校与企业互利共赢。

二、审计学专业人才培养现状

（一）审计学专业发展现状

近年来，全国培养本科审计学专业人才的高校数量不断增加，由 2008 年的 39 所扩大到 2017 年的 94 所，相比较于财务、会计类专业的开设来看，审计学专业开设的学校数量仍然太少。[6]其在整个管理学科中所占的比重仍然偏低，每年不足 1%，可见审计学专业招生人数仍然太少。同大多数民办高校审计学专业的发展状况相类似，我校审计学专业开设较晚且开设班级较少，整体专业发展还处于初级探索阶段。

（二）审计学专业人才培养现状

审计学专业具有较强的实践操作性，旨在对学生进行多元化的培养。除了使学生具备专业的审计知识和技能之外，还在会计、法律、经济、管理等方面加大培养力度，学生在毕业后可选择空间较大，也具备很强的竞争力。对于审计学专业而言，人才培养涉及诸多方面，课程无疑是该专业的主要“硬件”[7]。

随着经济社会的迅速发展、企业规模的日益扩大、资本市场的逐渐完善，社会对高层次审计人才的需求数量倍增，需求标准不断提高。而现有以知识灌输为主、实践为辅的“理论 + 实践”审计学教学模式，忽视了对学生主动学习的激发，越来越不适应当今社会对审计学创新性人才的需求。正是这一现象的出现，促使我们必须进行审计学专业课程教学方式改革。因此，产教融合协同发展是本专业课程建设的下一步重点目标。

三、审计学专业“产教融合”人才培养中存在的问题

严格意义上讲，审计学专业当前所采用的“产教融合”多数还停留在校企合作的层面，因此还存在很多问题，主要有以下几方面。

（一）课程设置不合理

目前，我校审计学专业在课程设置过程中仍然参照大多数本科高校，未能做到与产业标准相符合，学生所学的理论知识与企业的实际运营存在某种程度的脱节，

这也反映出教材知识的陈旧与老化。此外,实践课程较少,致使理论与实践课比例达不到1:1。审计是一门专业性极强的专业,职业性要求高,只有让学生参与到实践当中,感受审计实务,才能更好地促进理论教学的发展。

(二)产教融合模式过于单一

审计学专业现有产教融合的方式主要有两种:一种是实训实习,主要在校内实验室完成。通过开设实训课程使学生完成实践活动,但这种方式往往以仿真模拟为主,只注重单项技能培养,且系统中的实训内容往往因未能及时更新而出现与企业实际情况相脱节。另一种是企业顶岗实习,集中在学期末和寒暑假期间完成,是在校学生在基本完成教学实习和学过大部分基础技能课程之后,到专业对口的企业现场直接参与生产过程,综合运用本专业知识和技能,完成一定生产任务并养成正确劳动态度的一种实践性教学方式[8]。其单一化显而易见。

(三)产教融合体制缺乏改革

高等教育与行业企业紧密结合本来天经地义,但由于我国高等教育主要是教育部门乃至政府办学,行业企业要参与其中并没有明确的制度约束,致使审计学专业的产教融合仍然仅停留在简单的校企融合层面,因此使该专业人才培养脱离社会需求成为必然。产教融合比校企合作的要求更高,仅凭院校自身很难达到目的,只有通过顶层设计和政策支持,才能深化促进校企合作体制机制改革,进而实现产教深度融合。

(四)企业参与程度低且积极性不高

当前审计学专业产教融合、校企合作更多地表现为学校为了生存,主动寻求企业进行合作,而企业主动寻求合作的动力明显不足。产教融合呈现“校热企冷”的局面,这就需要政府对于参加校企合作的企业在税收等方面给予一定的优惠政策,高校也需要加强自身内涵建设,不断提高解决企业面临的技术难题的能力。

四、审计学专业“产教融合”人才培养中存在问题的原因

(一)人才培养模式过于陈旧

当前高校在设置审计学专业人才培养方案时,未能充分考虑当前社会以及企业对人才的需求,仍然采用以理论教学为主,实践教学为辅,因此在课时安排上无法做到互相持平,也难以做到产教融合的创新。

(二)师资队伍实践能力不足

当前,我校师资人才的培养模式仍然沿用从学校到学校的一贯式培养方式,缺乏社会阅历以及丰富的审计实践经验,难以做到理论与实践较好的衔接。甚至有部分审计专业教师在大学或研究生阶段并非审计专业毕业,未全面系统学习过审计专业,对审计实务和审计政策缺乏实践经验,使审计实践性教学难以达到令人满意的效果。

(三)市场服务组织不规范

现有市场服务组织不太规范,缺乏校企利益共同体的有效载体,因此人才供需、校企合作、项目研发、技术服务等各类供求信息无法在政府、企业和高校之间做到有效传递,致使产教融合的改革工作难以有效推进。

(四)政策支持力度不够

从一定程度上讲,政府对校企产教融合起着很强的推动作用,而传统产教融合准入条件要求较高且审批程序比较复杂,企业缺少参与途径从而致使大部分企业积极性不高。

五、基于"互联网+"的审计学专业"产教融合"的优势

互联网与教育的融合,既体现出强强联合,又说明新时代教育已树立以人为本的理念。除了课堂之外,学生可借助互联网进行学习,补充课堂中遗漏的知识点;提前进行预习,从而掌握学习主动权;不管是在宿舍还是家中,学生均可通过互联网实现对知识的查缺补漏,使教学与学习无处不在。在传统审计课堂中,教师与学生的互动十分有限,教师任务重,审计学难度较大,教师没有精力设计与学生的互动环节。在互联网的引导下,教师与学生的互动效果会大大提升,师生随时可以上网交流、答疑解惑,没有时间与空间的限制。

基于此,审计学专业采用"互联网+"实施产教融合的过程中不仅要考虑本专业的内容,将审计学内容贯穿在人才培养过程中,还应以就业为目的,对学生进行全方位培养,使学生适应从学校到社会的过渡。

而产教融合是将生产和教学相结合,实现对人才的一体化培养。教学是为就业服务,若是学生缺乏实践,就会导致其就业难度较大。从学习知识到掌握知识本需要经历漫长的过程,产教融合可确保学生在学习中工作,在工作中掌握技能,使知识与技能得到双重提升。还可发挥学生主观能动性,学生可根据需求选择需要巩固的部分。产教融合还为学生创造提升自我价值的机会,学生在没有就业之前,就可以在学校享受到就业的体验,激发学生学习的积极性与主动性。

六、基于"互联网+"的审计学专业"产教融合"的对策

(一)与企业需求对接的课程改革

1.转变教学观念

教师要转变教学观念,适应"互联网+"发展,使审计专业教学具备旺盛的生命力。要加强信息技术、计算机技术、多媒体技术的应用,使学生感受到多元化的教学氛围,可结合实际情况灵活选择教学方法,为学生创造逼真的工作情境,让学生充分参与其中,提高工作素养。

2. 构建校企并行模块化课程体系

审计专业教师在设置课程体系时应以企业对审计人才的需求为出发点,将课程体系依据岗位职业能力(职业特定能力、行业通用能力、跨行业能力、核心能力)划分为企业模块(顶岗实践模块、综合技能实践模块、企业认知模块、企业体验模块)和学校模块(审计实务模块、企业信息模块、专业综合模块、素质拓展模块、文化基础模块),同时将审计职业资格标准融入专业标准和课程标准,实现双证融通(图1)。

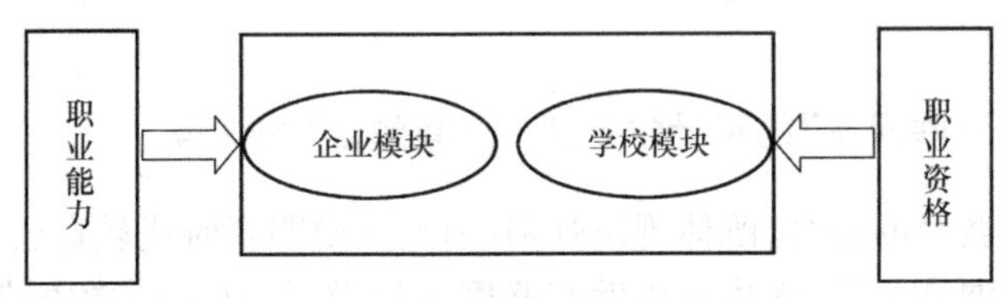

图1 校企并行模块化课程体系结构

3. 加强审计学专业产教融合

学校要结合审计学的特点和企业需求,加强与相关企业的合作,明确人才培养目标,使学生能力得到全方位培养。产教融合是对传统课堂的拓展,为学生提供综合学习、训练的平台,这离不开学校前期的大量调研以及企业的高度配合。双方为了实现合作共赢,就需要各自提供有效的资源,巧妙利用。要对审计课程的内容进行分析,确定其是否符合企业对人才要求,再探讨调整计划,进一步优化审计专业课程体系,按照企业岗位细化内容针对各自需求明确重点开展教学。

(二)建立完善的实践教育体系

审计教学要充分吸取产教融合的精华,充分利用现有平台建立完善的实践教育体系。这一体系可按层次划分,分成三个层次:第一,学生对职业的认识与了解。第二,针对审计职业开展的专项职业培训与实习。第三,企业文化培训。通过完善的实践教育体系,激发学生主观能动性,使学生积极探索审计学知识。

为了激发学生主动学习与实践的兴趣,学校要充分结合互联网优势,在审计教学中融入产教融合思想,教师要善于引导学生借助网络补充专业知识,订阅与本专业相关的微信公众号,了解法律法规政策,使学生与时俱进。学生要积极在专业板块中与有经验的工作人员交流,了解本专业、相关工作的操作方法,从而进一步了解企业对人才的要求,取长补短,使自身素质与能力符合企业要求。

(三)完善产教融合制度

互联网构成了一个广袤而严谨的环境,审计专业在这一环境下要积极推行产教融合,需要顺应环境的要求,建立完善的规章制度。教师要积极更新观念,在教学中融入工作模式,使学生感受到焕然一新的课堂气氛,主动参与其中。学校要通过先进的互联网技术营造逼真的工作环境,设置完善的监督机制与评价机制,使全部学生均可得到锻炼,使产教融合成为现实。要加强与企业的合作沟通,利用一切条件加速产与教的融合。设置教师、学生、企业三方参与的专有平台,积极推进产教融合策略,使其在该平台上交流信息、咨询问题、答疑解惑,对学生开展必要的职业指导。

借助这一平台还可以对三方的表现情况进行监督,比如:教师可定期检查学生的学习情况,明确学生的不足之处,并予以针对性指导。学校可根据企业的需要对课程内容进行调整。要对实习后的学生进行考核,确定其实习成果。对教师也要加大考核力度,使教师胜任产教融合工作。

(四)提高企业参与度

在产教融合中,企业起到的作用不言而喻,因此,应积极提高企业参与的积极性,使审计教学与人才培养共同发展。学校要让企业看到合作的亮点,以积极主动的心态提供资源,为学生提供实习机会。企业可建立微信群和专有论坛,加强与学生、教师的交流,有助于企业遴选出优秀的人才。

在与企业对接的过程中,校企共同探索实施人才共育培养模式。第一,人才培养方案的共同制定,实行工学交替的模式,学校有教师教,企业有师傅带,企业量身定制学习计划,布置学习工作任务。第二,共同承担课程开发的任务。课程内容由校企双方承担,学校教师与企业师傅实行岗位互聘,学校的理论基础课程选聘企业人员来讲解,尤其是企业文化方面的课程内容。第三,共同制定学生的职业生涯发展规划,学生在学校和企业学习期间,根据学生的顶岗位实习情况,为学生作出相应的职业生涯规划。第四,学生毕业前期,由企业提供一定的岗位,保证企业和学生进行双向选择。

综上,审计学专业教学要高度重视产教融合的应用,应利用互联网拉近师生、校企之间的距离,为本校审计学专业教学输送更多优质资源,使学生在学习之余,还能提早接触与工作有关的内容,通过亲身体验提高自身素质,达成人才培养的目的。

参考文献

[1]卞淑云. 培养一流人才是建设一流高校的核心人物[J]. 陕西国际商贸学院论坛,2018(4):52-55.

[2]熊玲,赵淑芬. 关于高职院校审计实训课程教学的探讨[J]. 知识经济,2018(8):115.

[3]沈丹冰. 产教融合视角下高职院校人才培养要求的探索[J]. 课程教育研究,2017(45):234.

[4]李红."产教融合、校企合作"下的创新应用型人才培养研究[J]. 陕西国际商贸学院论坛,2017(2):23-27.

[5]王筱."互联网 +"背景下应用型本科院校产教融合的现状及对策研究[J]. 中国多媒体与

网络教学学报,2018(11):12－13.
[6]张丽.对审计学专业建设的思考[J].合作经济与科技,2016(24):12－15.
[7]张志勇.基于产教融合的现代学徒制人才培养模式探析——以高职审计专业为例[J].科学咨询(科技·管理),2018(3):116－117.
[8]张健.深化产教融合,校企合作三题[J].当代职业教育,2019(1):4－8.

第四部分　校企合作与学校管理及师资队伍建设研究

加强校企合作，促进大学生就业的思考与实践

李吉友
（陕西国际商贸学院　陕西西安　712046）

摘要：大学生就业，是当前的重大政治任务和民生工程。陕西国际商贸学院加强校企合作，促进了大学生就业。但学校专业设置与社会用人需求不完全吻合，学生就业期望值过高，综合能力偏低，竞争力还不强等。要进一步加强校企合作，提高人才培养质量，采取多种措施，促进大学生就业。

关键词：校企合作；大学生就业；提高人才质量

作者简介：李吉友，男，安徽人。硕士，经济师。陕西国际商贸学院副院长。主要研究方向为民办高等教育发展

随着当今社会经济的高速发展，人才供求的多元化，就业总量压力依然很大，劳动力供大于求的格局并未改变。人社部最新调查显示："今后五年，城镇劳动力的供求缺口每年将达到1 300多万，比'十一五'期间压力更大。另一方面，就业的结构性矛盾将进一步加剧，其现实表现是部分企业'招工难'与部分劳动者'就业难'问题并存，且有常态化趋势，而随着经济结构战略性调整的推进，就业结构性矛盾将会更加复杂。"[1]不论是产业转型升级，还是节能减排、淘汰落后产能等，都将对就业结构产生深刻影响，技能人才短缺问题势必更加凸显，结构性失业问题也会进一步加剧。[2]

一、大学生就业是当前的重大政治任务和民生工程

就业是民生之本，安国之策。随着人口总量继续增加，国企改革和经济结构调整的深化以及科技进步和劳动生产率的提高，就业的压力也越来越大。就业作为人民群众改善生活的基本前提和基本途径，是实现社会长治久安的基本保证，也是全面建设小康社会的必然要求[3]。就业是我国当前和今后长时期需要面对的重大而艰巨的任务。

高校毕业生是如今社会上颇受关注的一个群体，不仅具有丰富的知识储备，也

有很强的社会影响力,而且政治素养同样出众。但是由于近些年不断扩招的高等教育,导致毕业生越来越多,尤其在就业方面出现了较大问题,更关系到国家的未来[4]。

随着在就业体制上的不断改革与创新,毕业生的就业问题也受到了来自政府主管部门、社会机构、高等学校及用人单位的高度重视。基于市场经济的就业制度在不断地调整变化,在当前已经形成了市场为导向,政府、学校搭建平台,用人单位、毕业生双向选择的高校就业体制。

扩大就业有利于改善人民生活,有利于劳动者权利和全民共同富裕、全面小康的实现,有利于推进国有企业的改革和经济结构的调整,有利于扩大内需,促进经济社会良性发展。现阶段我国经济发展处于新常态,要按照国家的发展战略做好大学生就业工作,解决好大学生就业[5],使更多的新生代力量能够合理地配置到适合的岗位上去,是人才更新换代,保证不同的工作岗位上不断输入新鲜血液的必要工作之一。因此认真做好精准就业指导工作,切实解决他们在求职就业过程中遇到的各种困难,提高其就业质量和就业率,不仅有利于社会的稳定发展,而且关系到国家的长治久安[6]。

二、陕西国际商贸学院大学生就业实证分析

(一)陕西国际商贸学院促进大学生就业采取的措施

(1)产教融合校企合作培养人才,提高人才培养的适应性,不断提高就业率。明确学校人才培养目标定位,建立产教融合,校企合作机制,为社会培养和造就人才,提高大学生就业率。学校以招生就业处为主导,二级学院为主体的就业工作机制,把服务经济社会发展和就业工作融入到人才培养全过程,有助于解决当前高等教育与社会需求之间的结构性的矛盾。各二级学院与企业合作,共建学科专业,共同参与培养人才,以就业为导向,教育教学与就业岗位结合,与行业企业建立实习基地,开展协同育人,培养应用型人才,校企合作遍地开花,学校人才培养与社会需求的适应性显著增强,毕业生就业率不断提高。

(2)政校行企合作拓展毕业生就业渠道。学校先后与陕西省人才服务中心、西咸新区信息产业园投资发展有限公司联合举办校园招聘会;与浙江绍兴人社局达成人才战略合作协议,并成功举办 2018 绍兴招才引智高校行 · 秋季专列(西安站)应用型人才招聘大会。政校行企合作,为就业工作开辟了更为广阔的渠道,提高校园招聘会的品质,扩大就业工作的影响力。截至目前建立实习转就业基地约 200 余家,按 1:3 比例推荐岗位,基本满足了学校毕业生就业需求。

(3)发挥企业办学优势,带动就业。学校积极发挥企业办学优势,带动就业工作,按照学校创始人赵步长教授“要把最优秀的毕业生留在步长”的指示精神,招就处与二级学院在毕业生中积极动员,并主动与步长公司生产和销售系统联系,推荐毕业生。以 2018 届毕业生为例,当年共组织步长公司各分支机构校园宣讲和专场招聘

会6场,281名毕业生签约步长公司工作,占全部毕业生的6.53%。学校与步长特部洽谈,在相关专业成立了步长特色班。招生就业处和组织宣传部门积极挖掘整理在步长公司就业毕业生的事迹材料,制作宣传片,鼓励毕业生到步长公司建功立业。

(4)全员帮扶困难毕业生就业。学校以困难毕业生帮扶为重点,按照省教育厅《关于做好高校家庭经济困难毕业生和少数民族毕业生就业精准帮扶工作的通知》及其补充通知的要求,结合学校实际制定了《陕西国际商贸学院困难毕业生就业帮扶工作方案》,建立就业困难毕业生信息库,为每名帮扶对象发放帮扶联系卡,采取"一对一""多对一"的帮扶办法,确保了每一名困难毕业生提供至少一次专题指导、3个以上的就业岗位。学校还为有助学贷款、身体残疾和低保户家庭的毕业生申请了政府一次性求职补贴,连续三年完成"双百"就业任务,解决了就业工作的难点与重点问题。

(5)建立毕业生质量反馈机制,形成了"招生—培养—就业"的有效联动。企业对毕业生的评价和毕业生就业的数量、质量,是检验学校人才培养质量的依据,为了做好毕业生就业质量调查和反馈,学校制定了《陕西国际商贸学院毕业生就业跟踪调查实施办法》和《陕西国际商贸学院招就工作反馈机制暂行办法》,通过合作企业对毕业生当年、毕业一年、毕业二年的工作状况调查,撰写就业质量报告。并在此基础上拟定了有学校发展特色的《陕西国际商贸学院专业设置与调整管理办法》,把用人单位对毕业生状况与专业设置和招生计划挂钩,形成了"招生—培养—就业"的联动机制,促进人才培养质量持续上升,就业质量对人才培养反馈作用越来越受到重视。

(二)近三年学生就业取得的效果

1. 就业率

表1-1　2016—2018届本科毕业生一次性就业率(截止当年8月31日)

届次	本科		
	毕业生人数	就业人数	初次就业率(%)
2016届	2 587	2 344	90.61
2017届	2 221	2 049	92.26
2018届	2 010	1 891	94.08

2. 分专业就业率

表1-2　2016—2018届本科毕业生各专业初次就业率(截止当年8月31日)

专业	2016届		2017届		2018届	
	毕业生人数	初次就业率(%)	毕业生人数	初次就业率(%)	毕业生人数	初次就业率(%)
计算机科学与技术	22	100.00	25	96.00	27	100.00
信息管理与信息系统	22	95.45	55	90.91	39	100.00

续表

专业	2016届		2017届		2018届	
	毕业生人数	初次就业率(%)	毕业生人数	初次就业率(%)	毕业生人数	初次就业率(%)
药物制剂	74	93.24	45	91.11	56	100.00
制药工程	119	91.60	114	88.60	85	100.00
中药学	78	85.90	81	91.36	147	97.96
动画	61	93.44	65	95.38	62	95.16
药学	188	93.09	154	87.66	182	95.05
电子科学与技术	31	96.77	27	85.19	20	95.00
汉语国际教育	30	93.33	44	95.45	54	94.44
英语	71	88.73	82	93.90	32	93.75
财务管理	1 058	90.64	732	93.31	647	93.04
服装与服饰设计	90	90.00	80	95.00	57	92.98
国际经济与贸易	211	91.94	245	93.88	160	92.50
人力资源管理	184	94.57	112	89.29	78	92.31
汉语言文学	176	85.80	196	94.90	167	91.02
市场营销	172	83.72	118	88.98	78	85.90
贸易经济	—	—	46	86.96	26	96.15
宝石及材料工艺学	—	—	—	—	37	97.30
服装设计与工程	—	—	—	—	25	96.00
秘书学	—	—	—	—	31	93.55

3. 各专业一次就业专业对口情况

表1-3 2016—2018届本科毕业生专业与就业岗位相关性统计表

专业	2016届		2017届		2018届	
	契合(%)	不契合(%)	契合(%)	不契合(%)	契合(%)	不契合(%)
财务管理	83.50	16.50	93.20	6.80	95.50	4.50
电子科学技术	100.00	0.00	72.00	24.00	100.00	0.00
动画	84.70	15.40	88.70	11.30	93.19	6.81
对外汉语	81.80	18.20	79.40	20.60		
服装设计与工程	0.00	0.00	88.40	11.70	100.00	0.00
国际经济与贸易	67.50	32.40	74.60	25.50	78.48	21.52
汉语言文学	84.90	15.10	89.30	10.70	94.93	5.07

续表

专业	2016 届		2017 届		2018 届	
	契合(%)	不契合(%)	契合(%)	不契合(%)	契合(%)	不契合(%)
计算机科学与技术	100.00	0.00	76.20	23.80	100.00	0.00
贸易经济	0.00	0.00	79.00	21.10	70.58	29.42
人力资源管理	80.00	20.00	85.30	14.70	92.15	7.85
市场营销	90.90	9.10	98.20	1.80	97.22	2.78
信息管理与信息系统	66.70	33.30	83.30	16.70	100.00	0.00
药物制剂	100.00	0.00	92.90	7.10	83.72	16.28
药学	87.10	12.90	87.60	12.30	91.26	8.74
英语	72.00	28.00	85.00	15.10	86.67	13.33
制药工程	79.40	20.60	83.50	16.50	85.71	14.29
中药学	100.00	0.00	91.40	8.60	92.52	7.48
汉语国际教育					88.37	11.63
秘书学					96.55	3.45
宝石及材料工艺学					100.00	0.00
服装与服饰设计					100.00	0.00

(三)大学生就业取得的成绩分析

1. 整体就业形势较好

陕西国际商贸学院依托步长集团,充分拓宽就业渠道,从表 1－1 和表 1－2 分析,近三年就业率均高于陕西省平均水平。根据就业回访调查,学生的去向主要是步长制药及其他校企合作单位、其他中小企业等,中小企业是毕业生就业的主渠道,步长制药进行保底就业。因此,目前就业状况整体乐观。在表 1－2 中,药科类相关专业就业率极高,基本实现了全员充分就业。除此之外,符合学校的特色专业,宝石及材料工艺学、服装设计与工程专业因专业性较强,也能实现全员就业。相比之下,商科类专业、语言类专业略低于以上专业。

2. 存在问题

根据表 1－2 和表 1－3 分析,学校药科类专业就业情况较好,但在表 1－3 的回访数据中不难看出,回访结果并不好。部分学生表示不能适应岗位要求,除此之外,也有学生表示所在岗位与所学专业不符,证明学生并未在预期行业内工作。

从表 1－2 分专业就业率看,商科类专业人数相对占比较大,这对学校的就业部门提出了更高的要求。根据商科类专业要求,以财务管理专业为例,一个校企合作企业的容纳性毕竟有限,扩大校企合作的规模迫在眉睫。

从表 1－3 中,国际经济与贸易、贸易经济专业,连续三年专业对口率不高。这需要学校进一步深入研究，究竟是市场需求饱和还是人才培养脱离市场。而后，根据实际情况对该专业进行调整。在此之前，加大校企合作并有针对性地做好就业指导，引导学生就业，是解决现有问题的“速效药”。

3. 存在问题的原因分析

1）大学生自身原因。

（1）大学生独立性较差。我校生源大多自我约束的能力较差，独立生活能力比较弱的特点，加之所处贫困县市较多，又无社会关系和背景，使得大部分学生的就业困难。

（2）学生综合就业能力偏低。民办高校学生基础差、专业水平有限，缺乏就业自信心，不能很好地满足用人单位的“任职资格”要求，因此就成为就业困难群体[7]。加之，学生对于自我的水平并没有一个准确的定位，与用人单位在沟通时又经常存在高估自己能力的情况，最终丧失了大量的就业机会。

（3）就业期望值过高，功利倾向明显。学生就业期望过高，往往看重收入、就业单位性质和就业地区等方面。选择职业时，侧重于选择科研院所、党政机关、国有企业等工作比较稳定的工作；在选择就业区域时，重东部、轻西部，重城市、轻农村，甚至还有相当数量的学生有明显的“恋家”[8]就业倾向；在具体单位选择时，多数学生往往偏重于追求单位的待遇、环境等眼前的利益，忽视对整个行业及个人发展空间的长远考虑。一部分高职学生把职业理想当成职业现实，职业目标定位偏高，热门专业的学生认为自己具有专业优势，盲目自信。

2）家庭方面的原因

传统的家庭教育导致学生身心发展不够健全[9]。主要表现在：过度关注、成绩至上、盲目要求、溺爱过渡、错误诱导等。受这种传统思维习惯的影响。许多学生在择业时往往会被父母的思维所左右，认为边远地区只是去吃苦。然而对于刚从象牙塔走入单位的大学生而言，很难适应角色，很多单位都会要求到基层锻炼，进而了解企业的运作和经营情况，但许多学生往往选择放弃。在这种思维的影响下，均认为稳定、可靠的工作才是理想的工作，这样也对就业造成了巨大压力。

3）学校自身因素

建校时间较短。在高校毕业生就业走向市场化，实行双向选择就业的情况下，许多用人单位往往注重学校的“品牌”，片面追求人才的“高消费”，这种情况下，民办院校毕业生的竞争力无形中就被降低了[10]。

专业设置难以满足社会的需求。专业设置及各专业规模、层次并不能与当前社会发展需要变化相适应，不少毕业生的就业与其专业不对口，供求不平衡，导致高校毕业生择业和就业相对困难、专业人才过剩，无形中降低了就业竞争能力。

专业分布不均的主要原因：一是部分考生对所报考专业不了解，盲目随大流现象较严重；二是院校专业设置同质化现象较为严重；三是同类本科院校申请新专业，主要把招生市场需求作为主导因素，忽略了社会需求。

就业指导不到位。就业指导教育和就业服务成效不明显[11]。学校虽然有庞大的团队，但人员的专业水平不高，面对现在大学存在较为复杂的问题，缺乏全面有效的就业指导和教育。

4）市场方面的原因

（1）就业市场需求有限。高校的扩招带来了急剧增长的毕业生数量，当前在就业市场上出现了明显的供大于求现象[12]。一方面，社会对毕业生综合素质的要求不断提高；另一方面，由于不断增长的毕业生数量，单位在选择时拥有了更广的范围，导致毕业生的就业竞争更加激烈。工作难找，好单位更难找，成为现阶段的主要问题。

（2）人才资源浪费严重。我省现阶段在人事制度改革方面步履蹒跚，与现实需求之间存在巨大差异，在毕业生的就业过程中的相关管理机构，人事、劳动部门资源配置不平衡，优质资源往往掌握在少数人手中[13]。就业存在很大的不公平现象。另外，在性别、背景等方面存在不平等的现象，就业市场的公平性受到严重挑战，人才资源浪费现象严重[14]。

（3）用人单位高素质要求。大学毕业生的就业难度越来越大，源于用人单位对大学毕业生越来越高的素质要求。“实力、能力”被许多用人单位认定大学毕业生的综合素质的主要依据和择人标准[15]。用人单位更喜欢综合素质高的毕业生，这也使得他们获得了更多的就业机会和就业余地；相反，表现能力差，综合素质不高的毕业生很难找到理想的工作[16]。

三、校企合作是促进大学生就业的重要途径

除了加强就业工作人员业务水平和学生素质培养，做好毕业生就业信息服务工作，加强职业指导，拓宽就业门路来促进就业外，学校应不断适应社会对人才的需求，以就业为导向，提高教育教学质量，校企合作则是实现这一目标，促进大学生充分和更高质量实现就业的必由之路。加强校企合作，培养企业需要的人才是解决就业问题的基本途径。

（1）加强校企合作，积极推进产学研合作教育，联合建设重点领域学科和专业，按照企业对人才的要求实行“订单式”培养，培养社会和企业所需要的“实用型、应用型”人才。

（2）聘请行业主管部门和步长制药等合作企业共同参与制定人才培养方案、进行课程设置、开展教学质量评估。加强“双师型”教师队伍，积极邀请企业专家、技术骨干兼课，派教师到企业学习，全面提高教学水平。

（3）与用人单位签订校企合作协议书，建立教学实习基地、冠名班、就业基地等，充分发挥用人单位人力资源与物质资源在办学过程中的作用。

(4)企业参与学校招生和毕业生的就业,在学校招生过程中,即选拔一个班学生作为“签约准员工”,企业就缺口岗位与学校达成培养协议,每年所需专业人数通报校方,由校方负责招生、培养,企业选择优秀学生进企业顶岗实习一年,校企共同签订高技能人才的就业协议。校企双方合作共同研究培养高技能人才的专业教学计划,使学校的专业教学计划能够与市场需求良好对接,把企业用人计划和用人标准与学校的专业设置、招生计划和培养方案、课程标准对接,紧密结合,增强人才培养和教育教学的针对性。

(5)继续加强教学改革和校企合作就业基地建设。企业为学校提供实践基地,由企业指派人员指导学生实训,加强学校教学与生产实际的结合,弥补学校教育与企业生产脱节的缺陷,培养和锻炼学生解决企业生产一线实际问题的能力。校企共同研究开发培养高技能人才的教材,并将与企业生产密切相关的、直接从企业生产一线提炼出的生产性案引入课堂,或将学生直接放到校企合作基地企业,由企业工程技术人员或生产骨干,根据课题的内容和教学要求在生产现场实施教学。这里需要强调的是,要找到学校和企业各自的利益点,才是解决校企合作的重中之重。

(6)以创新创业教育为抓手,全面推进高校综合改革等,把教育由传授知识引向传授知识和培养能力相结合的轨道上,培养学生创新意识、创业精神和创新创业的能力,为学生的职业发展奠定基础。

(7)出台实习就业安全工作规定,拟定学生实习就业工作实施方案,通过召开动员大会,增强学生实习的主动性和自觉性,规避实习风险。同时,安排专业课教师与学生一同进入企业实践,对实习学生进行管理和全程指导。校领导、教务处、人事处、学院领导深入实习就业基地检查学生实习就业情况,就学生的管理、实习、指导、培训、考核、安全等情况进行了沟通与协商,及时解决实习就业中存在的问题。同时通过发放调查问卷,收集整理学生意见,积极整改,不断提高实习就业工作规范化和有效性。

参考文献

[1]李乐. 河北省大学生就业问题研究[D]. 保定:河北大学,2014.

[2]王晋光. 当前大学生就业困境及对策研究[D]. 太原:中北大学,2011.

[3]范晴岚. 完善大学生就业指导的对策研究[D]. 长沙:中南大学,2012.

[4]吕婷. 论我国大学生就业体系的构建[D]. 成都:四川大学,2012.

[5]刘清亮,陈玲,王吉祥. 就业指导与职业规划[M]. 北京:人民邮电出版社,2009.

[6]丁琦. 经济发展与大学生就业——大学生就业的经济学透视[J]. 扬州大学学报,2010.

[7]李亚楠. 当前大学生就业现状及对策研究[D]. 郑州:郑州大学,2011.

[8]王建华. 论当前大学生就业观存在的误区与引导[D]. 上海:华东师范大学,2010.

[9]张洪亮,张艳丽. 经济学视角下的女大学生就业难探析[J]. 中国科技信息,2011.
[10]颜明珠. 大学生就业促进政策的分析与评估[D]. 苏州:苏州大学,2010.
[11]胡静颖. 大学生就业问题研究[D]. 青岛:青岛大学,2010.
[12]张健伟. 我国大学生就业问题研究[D]. 郑州:郑州大学,2009.
[13]王伯庆. 就业蓝皮书:2009 年中国大学生就业报告[M]. 北京:社会科学文献出版社,2009.
[14]付云蛟. 某大学商学院毕业生就业影响因素的实证研究[D]. 湘潭:湘潭大学,2010.
[15]林蕙. 职业生涯规划与就业指导课程体系初探[J]. 中国科教创新导刊,2009.
[16]山世泰. 大连市农村基层公共服务领域大学生就业问题研究[D]. 大连:大连理工大学,2011.

民办高校图书馆开展校企合作实践及思考

程新刚　张双双　杨雪
(陕西国际商贸学院　图书馆　陕西西安　712046)

摘要:民办高校在推进校企合作工作时,高校图书馆就要主动参与其中,积极与社会企业对接,寻求合作项目,不断更新办馆理念和服务观念,持续创新,使民办高校图书馆管理者与馆员的综合素质能得到提升,进而促进民办高校图书馆整体实力提升。

关键词:民办高校;图书馆;校企合作;实践

作者简介:程新刚,陕西西安人,馆员,研究方向:建设与管理及信息资源建设及服务等

张双双 女,陕西咸阳人,工程师、馆员,研究方向:图书馆信息系统平台建设及应用等

杨雪 女,陕西宝鸡人,馆员,研究方向:图书馆管理及服务、文献资源管理及服务等

进入新时代,随着国家经济社会改革的纵深发展,广大基层单位和生产管理一线单位对高级应用型人才的需求越来越迫切[1],而民办高校作为国家高等教育体系的重要组成部分,可有效满足区域教育资源的平衡发展需求,其对区域经济发展和人才培养的作用已日益凸显,得到了社会认可。高校图书馆作为文化知识和情报信息交流中心,在为学校教学科研服务的同时也应依托自身优势为区域行业、企业提供力所能及的服务,积极促进区域经济、文化等方面创新发展。故此,笔者认为高校图书馆开展校企合作恰逢其时,它将进一步丰富校企合作的内容,成为民办高校校企合作的新亮点。

一、民办高校图书馆开展校企合作的意义及作用

1. 开展校企合作能有效提升民办高校图书馆服务能力和管理水平

对于民办高校,就其办学层次和水平而言,相对国办高校,特别是重点高校有明显不同,国办重点高校主要以培养教学科研型精英人才为主要目标,而绝大多数的民办高校则主要以培养社会实用型、技能型人才为主要目标。因此,高校图书馆一定要根据各自高校的人才培养目标来制定适合本馆的发展目标和建设思路,使其与学校目标相一致,实现同步发展[2]。为此,民办高校在推进校企合作工作时,高校图书馆就要主动参与其中,积极与社会企业对接,寻求合作项目,不断更新办

管理念和服务观念，持续创新，使民办高校图书馆管理者与馆员的综合素质能得到提升，进而促进民办高校图书馆整体实力提升。

2. 开展校企合作将有效提升馆员的综合业务技能水平

校企合作项目的实施必然会促使图书馆员走出校门，走向社会，使其视野得到开阔，思想得到激发。在馆员主动给企业提供服务的过程中，其自身的知识见地、业务技能水平等都会得到提升。譬如，通过走进企业，馆员在了解熟悉企业情况时，不但能使自己学习到企业的管理理念、办事流程及人际交往技巧等管理软科学，也能学习到前沿的诸如智能化、信息化处理技术，专业软硬件维护等实用性技能。这些必将促使图书馆员综合技能大幅提高，馆员综合能力水平的提高将极大程度助推民办高校图书馆在管理、服务和功能拓展等多方面得到拓展和加强。

3. 能促进校企双方实现情报共享和信息智库建设

民办高校图书馆与社会企业开展合作，要想长期可持续发展，就必须不断创新管理理念与服务模式。比如构建校企合作共享的情报信息智库机制，就能使校企合作双方在信息资源、竞争情报、人力资源、技术应用等方面达成共识，实现多层面、多维度的合作与共享。建立大数据时代的新型校企信息资源共享智库，将实现双方优势资源共享，成为合作发展共同体。高校图书馆作为校企合作智库的组成单位，将积极发挥数据资源、人才技术的优势，为智库建言献策；推动高校与企业可持续合作，实现双赢互惠。

4. 民办高校图书馆开展校企合作，将为高校学生教学实践搭建桥梁

民办高校图书馆通过与社会企业开展多类型、多层次的深度合作，实现共同发展。一方面，在合作过程中，企业的发展及人才需求等由于有高校图书馆参与其中，我们就能最快得知此类信息，及时为企业推荐本校适合企业需要的优秀毕业生进入企业工作，这样不但解决了企业的用人难题，也解决了高校学生就业实践难的问题。还有就是高校图书馆通过与企业合作，在掌握企业人才技术需求的同时，将此类信息可反馈于学校教学单位，让教学单位及时修订完善教学内容，使教学内容与社会企业需求紧密结合，学生毕业后就缩短了实习期，并快速适应岗位要求。另一方面，高校图书馆还可聘请合作企业的高管、技术骨干等到学校为大学生进行案例指导教学，使大学生在学校就能与企业人员进行面对面交流。这样的合作，将对学校、企业和图书馆都有巨大益处。

二、民办高校图书馆开展的校企合作具体案例实操

1. 与图书供应商和数据库供应商开展的合作

民办高校图书馆与图书、数据库供应商开展合作，具有很强的主动性和先决优势。图书馆每年都要购置大量的图书以及门类众多的数字资源数据库，这就自然而然地与此类企业形成合作关系。图书馆在与供应商开展图书资源建设合作时，

可加入部分深层次的服务合作项目,如在开展全民阅读活动、文献资源检索、查新查引等方面,高校图书馆可发挥供应商社会人脉关系,联系行业精英走进校园与学生进行“零距离”接触,传授分享企业文化、行业资讯等新知识,亦可邀请业界专家为本校学生开展专题报告、学术交流讲座等文化盛宴。这样的合作一方面宣传了企业精神,另一方面又弥补了民办高校图书馆人才不足的短板。

2. 与自身创办企业开展的共享合作

国内民办高校的创办建设,一般有社会融资、个人投资或企业投资等形式。就陕西区域来看,涉及企业投资办学的只有陕西国际商贸学院一家,它是由著名医药企业步长集团投资兴办的。步长集团是一家集医药研究、生产、销售和诊疗服务、教育、网络为一体的大型民营高科技医药企业[3]。所以,本校图书馆要充分利用这一自身优势,积极开展与步长公司的合作。如向公司提供市场竞争情报信息,向公司员工提供文献资源服务,开展专利查询和科技查新等工作。同时,步长公司可派旗下部门高管到学校以及图书馆进行步长企业文化交流推介和产品知识、品牌战略讲座等活动,让校园文化与步长企业文化相互融合,共促发展。此外,在主动服务企业的过程中,要不断更新合作观念,将有助于提高图书馆领导及员工的思想认识,持续改善服务态度与工作方式。高校图书馆为企业员工营造优雅的文化氛围,增强企业员工责任感和自豪感,巩固企业品牌发展;同时又提升了校企合作的文化内涵,对校企长远发展亦有益处。

3. 与社会相关企业开展的校内校外合作

随着高校图书馆空间、功能不断发展更新,除了与图书、数据库供应商合作外,高校图书馆还会与建筑单位、设备设施供应企业进行合作,这无疑又给高校图书馆开展校企合作提供了可能。高校图书馆要利用好此类机遇,积极搭建合作平台。如图书馆进行空间改造时,可将建筑工程、环境设计类学生引入建设项目组,参加图书馆空间环境设计与施工。在图书馆进行计算机系统及设备升级换代时,邀请计算机方面学生参与,这样既为图书馆建设提供“外脑”辅助,也为本校学生提供了一个实践操作的机会。2013 年,陕西国际商贸学院图书馆通过与西安九通通讯科技公司合作,在图书馆内建立了一个话务信息实训空间,让九通公司在图书馆馆内搭建话务信息实训室。实训室主要招聘兼职大学生参与实训,主要工作为开展电话营销业务,实训效果不错。九通公司对表现突出的实训学生还给予一定经济补偿,学生通过这个平台既与社会有了交流,也充分锻炼了自己的沟通交流与营销能力。企业还从中选聘了不少优秀毕业生进入到他们企业工作。

4. 与考研机构开展校企合作

随着民办高校考研学生队伍的不断壮大,开展考研类服务已成为高校图书馆的重要职能之一。民办高校图书馆可与社会上有一定影响力的考研机构合作,将他们引入到学校,为本校考研学生提供考研方面的服务或指导。如陕西国际商贸学院图书馆分别于2013年2017年与学府考研、跨考考研等两家考研机构开展项目合作。合作中,将本校图书馆空间、文献资源和服务优势与考研机构的专业指导、人脉及经验等优势进行优势整合,实现强强联手。通过这样的合作,使考研机构自身知名度和美誉度得到了大幅提升,为自己赢得了发展机遇,同时也为本校考研学生带来了准确、高效、专业的考研资讯服务,使学生获得了实惠。

三、对民办高校图书馆开展校企合作的问题分析

1. 合作广度、深度严重不足

造成合作深度、广度不够的主要原因是:作为民办高校的图书馆大多因自身办馆理念、指导思想、文化积淀和社会服务等因素所致。目前,绝大多数图书馆与企业合作仅限于与书商、资源商开展的导读、培训类等浅层次合作,部分图书馆对社会企业也只是简单的文献推送,数据库使用方法讲解等,合作模式简单,效果一般。还有个别高校图书馆也仅把校企合作当成一时“政绩”,只流于形式,而未实际开展深层次合作。

2. 合作双方对校企合作认识理解肤浅

对合作发展的价值和意义认识肤浅且不全面。一方面作为企业,认为校企合作的目的就是为了实现企业经济利益最大化,而与高校图书馆合作,经济效果显然相对要慢、投入时间相对要长,故企业积极性明显不足,长期合作意愿更是缺乏。另一方面,民办高校图书馆整体实力较弱,绝大多数民办高校图书馆存在严重的自卑或自负心态,大部分馆认为图书馆做好本校文献资源服务即可,认为图书馆开展校企合作是“副业”行为,在校企结合上思考不足,想法肤浅,缺乏主动性。

3. 双方合作缺乏长效稳定的管控机制

这主要表现在两个层面。一个层面是地方政府在校企工作发展上缺少应有政策规划、制度引导以及管理指导机构;另外,政府对民办高校和企业合作也没有有效的督查考核奖励措施,支持指导状态乏力,导致校企合作效果差强人意,积极性受到打击。另一个层面是民办高校图书馆与企业合作无经验可循,本身双方在长期合作中就缺少应有的管理、保障等机制,高校方面也对图书馆开展校企合作缺少引导、扶持以及支持奖励等动能;这些都是导致民办高校图书馆开展校企合作不深入、不积极的负面因素。

四、对民办高校图书馆开展校企合作新模态的思考

1. 努力推进图书馆人的思想认知转变和服务能力提升

这就要求图书馆人一定要进行思想解放和自我革命,要积极创新探索图书馆服务的新功能,将校企合作作为图书馆服务功能的新内容,主动与企业对接,使图书馆服务能力和合作水平得到企业认可,让企业能从合作中认识和感受到与图书

馆合作有“利”可图,这样更能促进企业可持续发展,从而巩固企业与图书馆进行长期、稳定合作信心。

2. 积极开展校企合作情报资讯和数据共享服务

作为高校文献资源信息交流中心,图书馆本身就是数据情报的前沿掌握者,本身就拥有大量的数据资源库和实时市场情报分析数据,并且还有专业的人才队伍,这是大部分企业所不具备的,却又非常需要的“稀缺资源”。高校图书馆在合作中可针对企业属性和需求,为其提供“量身定制”式的市场情报和数据分析,及时向企业提供高附加值的数据资讯,使企业获得市场主动权并获利。这样,图书馆既帮助了企业发展又提高了自身数据挖掘、情报分析等方面的能力。

3. 深入探索馆企信息交互服务新模式

实施“走出去,请进来”合作战略。图书馆要开展校企合作就必须使自己成为企业的组成部分,图书馆人要走进企业,了解获知企业诉求,为企业提供急需精准的市场资讯、竞争情报、科技查新以及专利查新等信息服务[4];同时,图书馆也要邀请企业“经理人”们走进图书馆,让企业了解熟悉新时代的图书馆功能、管理及服务模式变化等情况,这样既可促进合作双方达成共识,又能实现长期合作。

4. 联合校内外专家为企业提供智囊服务

应用型高校科研的主要精力应投入到解决区域社会发展和生产技术难题的实际问题[5]。高校是为社会培养人才的地方,本身就拥有大量专业人才队伍,且很多专家教授都是“双师型”行业精英,民办高校图书馆在与企业开展合作中,可通过自身在学校的“关系网”,联合校内行业专家和教师等为企业提供前沿对口的综合性智库服务,从而实现“1 +1 >2”的合作效果。

5. 推进实施政府、高校、企业三方合作

政府、高校、企业作为社会发展的三个主要组成部分,协调发展将会有力促进区域综合实力提升。积极良好的政府支持,将会有效促进校企合作的成果转化成为生产力。高校图书馆在三方合作中,要发挥桥梁纽带功能,树立自身在区域文化、经济发展中的文化地标品牌作用。企业要主动“拥抱”高校图书馆,让其成为自己的外脑智囊,发挥作用,实现互利互惠。三者的有效配合,必将促进地区政治、经济、文化的全面进步。

6. 充分发挥各自优势,构建特色数据库

为了充分发挥校企双方优势,企业亦可直接委托高校图书馆建立属于自己企业和行业发展的特色信息资源库,这样不但为企业建立了一个随时可调用提取的信息库,为企业生产决策等提供重要参考,而且也很好地解决了企业信息源匮乏的窘况。另一方面,高校图书馆在得到企业投资后,拓宽了自身发展资金来源,也拓宽了资源库建设应用的新途径。在企业信息特色数据库的建设服务当中,双方可共同管理、共同使用,并共同受益。

7. 积极探索新时期图书馆服务管理新模式

互联网时代，高校图书馆一定要紧跟时代步伐，积极推进“互联网+”图书馆，“人工智能+”图书馆以及“大数据+”图书馆等智慧图书馆4.0时代的研究和实践[6]。

当前，“互联网+”思维已深入应用到了图书馆实际工作当中，这些新元素在改变传统图书馆的同时，也必将为社会企业提供更为人性化、智慧化的资讯情报和技术支持等服务[6]。民办高校图书馆一定要发挥人才、技术和信息情报优势，深入研究图书馆新功能，并结合行业企业新变化，不断创新新业态下校企合作的新内容[7]。

结语

总而言之，高校图书馆作为学校、企业和社会信息资源的重要基地，积极探索开展校企合作的意义十分重大，民办高校图书馆开展校企合作，必将有力促进区域经济、文化大发展。故此，笔者认为，民办高校图书馆开展校企合作，势在必行，且事业大有可为，任重道远。

参考文献

[1][5]王学成，王立新.转型发展是新建民办本科高校可持续发展的必然选择[J].陕西国际商贸学院论坛，2016(1):5-9.

[2]王桂枝.民办高校图书馆校企合作服务创新研究[J].四川图书馆学报，2018(3):3-3.

[3]大步长驱向辉煌——步长集团概况[J].中国卫生产业，2006(6):9-9.

[4]曹丽萍.高校图书馆驱动小微企业科技创新的运行模式[J].图书馆学刊，2018(4):95-96.

[6]文卫.应用型本科院校图书馆校企合作新模式研究[J].图书情报导刊，2016(2):75-76.

[7]王照涵.高校图书馆为企业提供服务的方式分析[J].中国企业家，2018(12):102-103.

产教融合背景下应用型民办本科院校“双师型”教师队伍建设研究

杜怡

(陕西国际商贸学院　教师发展中心　陕西西安　712046)

摘要:应用型民办本科院校如何适应科学技术发展、经济社会转型,如何培养应用型人才? 产教融合、校企合作是学校发展的有效解决方式。文章通过对产教融合背景下“双师型”教师培养的必要性进行分析,对应用型本科院校“双师型”队伍建设的现状及存在的问题进行阐述,构建了产教融合背景下“双师型”教师队伍建设的路径。

关键词:产教融合;校企合作;双师型教师;应用型院校

作者简介:杜怡,女,陕西西安人,管理学硕士,研究方向:管理学、商务英语

随着经济社会的转型升级,科学技术的不断发展,各行各业对应用型人才的需求不断增大,也对应用型本科院校人才培养提出更高的要求。应用型本科院校的扩招,促使高校不断扩大师资队伍建设,培养高素质、高水平的师资队伍。但是,人才培养供给侧和产业需求侧在结构、质量、水平上还不能完全适应,“两张皮”问题仍然存在。深化产教融合,促进教育链、人才链与产业链、创新链有机衔接,是当前推进人力资源供给侧结构性改革的迫切要求。在这种情况下,产教融合成为“双师型”师资队伍建设的必由之路。

一、产教融合背景下“双师型”教师队伍建设的必要性

1. 企业产业结构调整的迫切需要

随着互联网信息时代的来临,传统产业的格局也在发生改变。应加快改造提升传统产业,特别是加快推进工业转型升级,努力使产业发展更好地适应市场变化。其中最关键的一点就是要坚持利用信息技术和先进科学技术改造传统产业,深化信息技术在各行各业的集成应用,提高研发设计、生产过程、生产装备、经营管理信息化水平,提高传统产业创新发展的能力。企业是产业结构调整的主体,而应用型人才是企业产业结构优化升级的核心推动者。因而,企业需要大量的专业技能型人才推动企业发展转型。但是,很多高校在人才培养中,偏重理论知识的灌输而忽略技术技能的培养。这就导致人才培养和产业需求之间的矛盾,那么,加强“双师型”教师队伍建设,培养技术技能型人才是企业产业调整升级的关键。

2. 应用型人才培养的重要保障

人才培养以教育为本,教育之计以教师为本。应用型人才的培养则需要优秀

的、具有行业经验的“双师型”教师来培养。培养应用型人才,“双师型”教师需具备扎实的专业理论知识和先进的教育教学理论,同时还需要具备企业、行业专业技术能力和实践操作能力。如果能将两者很好地融合到一起,在传授理论上知识的同时,又能培养学生的实践操作能力,这样才能为培养应用型人才起到良好的保障作用[1]。

3. 民办应用型本科高校实现内涵发展的政策要求

内涵式发展要求以质量提高为核心增长模式,以师资建设为抓手,没有一支稳定的、高水平的师资队伍,学校的三大基本职能——人才培养、科学研究和社会服务就不可能实现,内涵式发展的战略就失去了基础和前提。要促进内涵式发展,必须加强师资队伍建设,建设素质优良、结构合理、专兼结合、规模适度、满足 21 世纪经济社会、科技发展和人才培养需要的师资队伍。对于民办院校来说,加快学校内涵式发展是民办院校在发挥自身优势、提升竞争力的重要途径。

4. 为企业发展实现合作双赢提供平台

高校人才培养要以市场为导向,促进学校与企业的优势互补,为企业定制需求人才,更好地实现高等教育造福社会的功能。对企业来讲,希望减少高校毕业生进入企业后的培养成本,缩短职业适应期,更好更快地为企业创造价值。同时,对于高校毕业生来说,在学习期间要有目标、有导向的学习,激发学习的动力,做到在未毕业时已经有明确的目标,应该进入到哪个行业领域,避免所学和所用脱节,在毕业季准确地找到适合的职业,并快速适应职场。

二、应用型本科院校“双师型”队伍建设的现状及存在的问题

1. 教师来源途径单一,人才引进机制不健全

在民办应用型本科院校以往的招聘过程中,招聘的途径主要来源于校园招聘,招聘以追求高学历、名牌院校毕业生为目标。而这些毕业生进入高校后,大多是从一个高校到另一个高校,他们的专业理论知识扎实,但缺少社会行业背景、专业技能和实操经验。那么,在成为教师后,多以理论教授为主,造成人才培养环节的缺失。另一方面,高校的引人机制不健全,一些行业专家、能工巧匠在进入高校时,由于自身学历、职称、专业理论知识、教育理论知识等因素的限制,难以在高校任教。在此情况下,很少有高校打破传统的人才引入机制,另辟蹊径,招聘行业经验丰富的专家[2]。加之,招聘行业能手的成本以及后期的人力成本相较于招聘应届毕业生要大很多,对于民办院校来说,收入来源单一,大批量招聘行业能手的成本对于此类院校来说恐难负担。

2. “双师型”教师队伍评价、激励机制不合理

在很多高校,“双师型”教师在职称晋升、岗位晋升、薪资体系、绩效考评、年终考评、项目申请等方面没有明显的倾斜政策,这便导致了教师对于主动提高专业实践能力的积极性降低[3]。在人才培养方案中专业实践、实训课程的设置中没有严

格、合理的评教机制,这也就导致教师在理论知识讲授阶段比实习实训课程准备得更加充分、更加深入。评价与激励机制的不合理,导致"双师型"教师在人才培养过程中的侧重点发生变化。

3. 教师工作量因素影响

在民办院校由于经费有限,在引入教师的数量上受到经费的限制,生师比不合理,加之逐年扩招,教师的教学工作量在此情况下严重饱和,教师工作压力较大。在一些民办院校中,教师的教学任务重,备课时间长,加之教师科研压力,教师数量紧缺,无法完全放下教学工作,也没有充足的时间和经历投入到专业实践中,仅仅靠寒暑假的时间下企业实践无法满足专业实践的需要,理论与实践的有效融合在短时期内无法达到,也无法产生高质量的产教融合成果。

4."双师型"教师培养体系不系统

"双师型"教师缺少稳定的、高水平的培训培养基地,企业和学校的诉求不一致,高校教师在企业中希望将专业理论知识和企业实际生产相结合,但是在理论运用的过程中,既有的理论知识无法解决企业的实际困难。理论和实际融合中往往趋于教科书式的流程或解决方法,对于企业来说实际产出不大。这样导致教师赴企业实践的积极性、主动性不高,企业也不太愿意或无法接纳教师的实践,抑制了"双师型"教师队伍建设。

三、"双师型"教师队伍的建设路径

1. 拓宽引才途径,完善引才机制

改变以往单一从高校招聘教师的方式,实施专任教师入职标准,应该设立专门的"双师型"教师评估机制,从能力评估、实用行业技能、和实用教学技能三个维度建立标准认证制度,从行业企业或面向社会招聘具有科学合理的知识架构,具有较强的职业感、责任感,具有行业背景、扎实的技术技能的能工巧匠、行业能手作为高校专职或兼职教师,专业教师原则上从具有 3 年以上企业工作经历并具有高职以上学历的人员中公开招聘,特殊高技能人才(含具有高级工以上职业资格人员)可适当放宽要求。降低学历、职称的限制,对行业稀缺人才,适当提高薪资待遇。

同时,可采用企业挂职、项目引进、科技研发等方式吸引企业行业人才到学校兼职,让企业行业人才参与到人才培养方案的制定中,将校内教师的理论基础与校外行业、企业人才的实践技能相结合,与企业共同制定培养方案、开发课程、协同育人,将专业设置和地方经济发展相结合,课程设置与岗位需求相结合,理论教学与实践教学相结合。

2. 制定合理的激励机制和考评机制

适当的激励机制才能激发教师赴企业实践,深入产教融合的主动性和积极性。在薪资待遇上,对于赴企业实践的教师薪资待遇同在岗的专任教师,教师在企业实践时的收入归个人所有。在岗位聘任时，优先推荐“双师型”教师。在职称评审条件上，适当突出具有企业行业实践经验、有突出产教融合成果的“双师型”教师。鼓励教师赴企业实践，并给予便利条件，如减少教学工作量，给予适当的生活补贴及优惠政策或物质奖励，帮助教师联系实践基地等，让教师有意愿、无后顾之忧赴企业学习、实践。

对于赴企业实践的教师，要求完成企业实践时，形成详尽的调研报告；承担横向课题或科技成果转化，有相应的到账经费；收集形成专业教学案例或发表相关专业的生产实践论文。学校对产出的成果进行考核评价。在职称评审时，将赴企业实践的经历、成果作为申报高一级专业技术职务的必要条件之一。

陕西国际商贸学院在2018年修订专业职务评审实施办法时，将赴企业、行业研修列入职称评审的必要条件之一，要求晋升讲师时，需在助教任职期间累计达4个月以上的行业（企业）或基层单位研修锻炼的经历，研修单位书面评价良好。晋升副教授时，需在讲师任职期间累计达6个月以上的行业（企业）或基层单位研修锻炼的经历，研修单位书面评价良好。将企业实践进修列入职称评审条件之一，在一定程度上促进了教师步入企业，了解行业的积极性，但在时间长度、深入行业的程度上，在后期的政策制定时需要进一步加强。同时，对于学校认定的“双师型”教师，在确定其薪资时，根据取得的专业技术职务、职业资格证书等级，在同等条件下，岗位工资高套。

3. 制定规范化的培养体系

规范化的培养体系需专业的管理委员会，专门负责“双师型”教师培养计划的制定与调整，规定教师每四年进入一个“研究学期”，到对口的企业从事专业、行业调查研究，了解生产一线最新的趋势，更新专业知识；邀请具有丰富专业技术的企业行业能手以讲座或实地讲解的形式传授最近科学技术知识；成立5~8人的专业项目小组，对企业实际生产经营中的实际问题进行有针对性的解决，并形成有成效的成果报告；由企业牵头，建立初、中、高级应用型知识、实践课程，对教师的级别进行详细的规定，对完成相应级别课程考核、成果层次的教师，兑现相应的级别待遇。

4. 校企共建实践培训培养平台

“双师型”教师的培养离不开企业的深度合作与参与。校企共享资源，坚持“专业对口，岗位对应”的原则，建立“双师型”教师培养平台，为教师提供了解行业新产品、新工艺、新技术的平台。根据专业需求，在企业设置一定岗位数量供教师到企业实践或挂职锻炼。学校选派教师，利用6个月至1年时间分批、分次进入企业进行实践。同时，学校提供便利条件与企业共建学院，共同进行专业建设，共建实验室或研究机构，共同制定人才培养方案，让学生所学更加贴合企业所需。

陕西国际商贸学院是步长制药投资创办，在企业办学的前提下，发挥着自身天然的平台优势，积极服务地方区域经济与社会发展。积极组建陕西省中药产业技术创新战略联盟,获批陕西省"13115"科技创新工程项目,陕西省中药制药工程技术研究中心、陕西省高校哲学社会科学重点研究基地、健康文化研究中心、陕西省中药制药关键技术重点研究室"等14个省厅级科研平台。其中中药绿色制造技术协同创新中心、陕西省中药产业技术创新服务共享平台、生物医药创新技术院士专家工作站是陕西省首家民办高校建立的科技平台。学校每年选派一部分专业相关的专职教师赴制药公司进行实践锻炼,从基础的车间生产到药物研发层层深入了解。在参与企业的技术革新、新产品研发过程中,学院进一步提升产学研水平,在服务中提高自身能力,使职业素养培养与岗位需求实现有机对接。同时,学院与多家企业建立长期合作关系,构建企业生态圈,为教师培养和学生提供更多的平台。

产教融合背景下"双师型"教师队伍建设是一项长期而系统的工程,在实施产教融合的过程中,要结合区域经济发展的状况,搭建多元化的"双师型"教师培养平台,不断探索完善"双师型"教师队伍建设的途径,推动应用型本科院校内涵式发展,提升办学水平和人才培养质量。

参考文献

[1]顾志祥.产教融合背景下高职院校"双师型"教师队伍建设路径研究[J].职教论坛,2019(2):99-102.

[2]孟志刚.高职院校"双师型"教师队伍建设的困境与对策[J].厦门城市职业学院学报,2019,21(1):6-11.

[3]戴朝晖.校企合作视角下高职院校"双师型"教师队伍建设路径探究[J].智库时代,2019(9):137-138.

校企合作培养“双师型”教师的模式与保障机制研究

袁焕
（陕西国际商贸学院　管理学院　陕西西安　712046）

摘要:“双师型”教师队伍是高校生存和发展的重要保障。高校需通过校企合作开展“双师型”教师建设工作,才能有效地提升教师队伍整体水平。本文分析了校企合作培养“双师型”教师的必然性,总结了校企合作培养“双师型”师资的模式与方法,从利益机制、运行机制、保障机制 3 个方面分析了校企合作培养“双师型”师资的问题之源,认为我国校企合作培养“双师型”教师的最根本的问题是机制缺失。

关键词:校企合作;“双师型”教师;保障机制

作者简介:袁焕,女,陕西乾县人,管理学硕士,讲师,研究方向:公司金融,高等教育

一、校企合作培养“双师型”教师问题的提出

“双师型”教师队伍是高等院校生存和发展的重要保障。建设一支适应市场需求的高水平“双师型”教师队伍是当前高校教育发展的现实需求。《国家中长期教育改革和发展规划纲要(2010—2020 年)》指出,必须加强“双师型”教师培养,提高教师的实践能力和技术应用能力。《国务院办公厅关于深化产教融合的若干意见》(国办发〔2017〕95 号)明确,推动职业学校、应用型本科高校与大中型企业合作建设“双师型”教师培养培训基地。校企合作是培养“双师型”教师实践技能的重要途径,拥有一支实践技能强、业务本领过硬的“双师型”教师队伍是办好高等教育的基本条件。由此可见,国家高度重视通过校企合作开展 “双师型”教师队伍培养培训工作,校企合作成为建设 “双师型”教师的重要途径和必然选择。但是,如何加强校企合作,促进 “双师型”教师队伍培养[1],目前尚没有合理地解决。不可否认,国家在大力推进职业教育 “双师型”教师的发展方面,也颁布了相关法律法规、政策以保障校企合作联合培养 “双师型”教师,但在实施过程中,职业院校、企业、教师并没有达成一致。高职院校与企业如何联合培养 “双师型”教师,已经成为 “双师型”教师培养中亟待解决的一个重要问题。在 “双师型”教师队伍培养过程中要以校企合作机制体制创新为突破口,通过搭建校企合作平台,以制度建设为切入点,以科学的考核评价体系为导向,通过校企深度合作开展 “双师型”专业教师队伍培养培训工作,使师资水平得到整体性提升。校企合作培养“双师型”

教师提出后,各学校在实践中探索出多种模式,取得了一定的成效。但校企合作培养"双师型"教师仍然存在众多的问题[2],导致问题产生的根源是多方面的,其中机制缺失是根本原因,包括利益机制、运行机制和保障机制。

二、校企合作培养"双师型"教师的意义

基于校企合作模式下的"双师型"教师队伍建设的意义在于:一是通过校企合作,企业为教师直接提供实践锻炼的平台,让教师走进企业,亲身参与企业实践,熟悉行业前沿的技术,把企业理念带进课堂,进而提高教师实践技能,促进教师的双师素质培养;二是通过校企合作,高校可以邀请企业能工巧匠、优秀员工或技术骨干来学校担任客座教授或兼职教师等,参与专业教学改革、校内外实训基地建设、教材开发、人才培养方案制定、课程体系构建等,全面加速高校"双师型"教师队伍建设步伐;三是通过校企合作,学校教师可以充分发挥专业理论知识和授课技能的特长,为企业管理人员或企业员工提供专业技术理论培训,既丰富教师教学水平,又提高教师"双师"素质[3]。

三、校企合作培养"双师型"教师存在的问题

(一)利益机制缺失

校企合作培养"双师型"教师利益机制[4],是指合作主体与客体从维护自身的利益出发,对合作中各种利益现象及其变动的反应方式。利益机制的根本职能是合理协调合作各方的利益,调动各方的积极性。这种机制的缺失不仅会大大消弱合作主体和客体参与的主动性与积极性,而且还会导致合作主体和客体自身变成合作培养"双师型"教师的障碍。

(二)运行机制尚未建立

合作培养"双师型"教师是一项复杂的系统工程,建立相对稳定的组织形式和有效的运行机制,对于指导合作的开展,协调合作过程中有关问题是十分必要的。但就目前的情况来看,中等职业学校同企业的合作基本上还没有建立科学的运行机制。首先,合作指导委员会形同虚设。各学校成立的校企合作指导委员会,只是一个空架子,根本就没有发挥作用,校企双方的合作往往还只是停留在一纸协议上。第二,校企合作的责权不明。校企合作多为松散型、随意型合作,合作双方普遍没有建立行为约束机制,没有明确合作双方各自的地位、作用和相互关系以及在合作过程中应享受的权益、应承担的义务和职责等。第三,相关制度缺失。据调查,目前大部分中等职业学校还没有建立教师到企业实践的规章制度,也没有长期的规划。即使制定了实践制度,也难以落实。往往是学校需要安排教师实践了,就联系一个企业进行参观考察,随意性很大。第四,培训项目管理不科学。校企双方还没有形成需求调查、项目设计、项目实施、效果评价系统性培训项目管理机制,培

训项目的针对性、科学性都难以得到保障。合作运行机制不健全,已成为制约合作培养"双师型"教师的主要障碍,不利于校企合作向更深更广的方向发展。

(三)保障机制尚不健全

(1)政策保障缺失。近几年国务院颁布的有关文件中曾经多次提到要与企业合作培养培训职教师资,2006 年教育部又专门出台了《关于建立中等职业学校教师到企业实践制度的意见》,为校企合作培养"双师型"教师提供了政策依据。但是,至今还没有制定和出台专门的校企合作培养"双师型"教师的政策文件,而且已有的政策文件总体上表现为单方性,总是从教育的角度出发,对教育部门和学校提出要求,而缺乏对企业的要求和约束。

(2)制度保障缺失。加强制度建设,是校企合作培养"双师型"教师的重要保障。但是,从国家到地方,从地方到学校,我国还没有建立一套完善的、行之有效的校企合作制度体系。制度保障的缺失,已成为制约校企合作深入开展的重要因素。

(3)资金保障缺失。除了财政部、教育部实施的青年教师企业实践项目外,我国还没有建立校企合作培养"双师型"教师的资金投入机制。经费的缺失,无法调动企业、学校、教师的积极性,导致合作培养难以深入。

四、校企合作培养"双师型"教师的基本模式

(一)合作共建培养模式

所谓合作共建培养模式,是指以学校同企业合作共建的项目为载体,培养专业教师实践能力的过程[5]。根据合作共建项目的不同,这种培养模式又可以细分成"课程合作"模式、"科研合作"模式和"专业共建"模式。

(二)企业实践培养模式

企业实践培养模式主要是在校企合作的背景下[6],在企业进行的"双师型"师资培养模式。它可以细分为 3 种模式,即"访问工程师"模式、"顶岗实践"模式、"考察调研"模式。

(三)"政府购买"培养模式

"政府购买"培养模式是指由政府负责安排师资培训费用,企业负责教师企业实践培训的模式,最典型的代表就是教育部、财政部设立的中等职业学校青年教师到企业实践项目。这种模式因为政府出资购买培训,所以企业的积极性比较高,并在安排上有方案、有计划、有导师,克服了松散型的企业实践的缺点,大大提高了培训效果和教学质量。这种模式比较适合对青年教师和初级"双师型"教师进行培养,重点提高其实践能力和动手技能。但是,这一模式必须有充足的资金和时间做保障,否则就很难实施。

(四)"师徒结对"培养模式

"师徒结对"培养模式也称为"导师制",是一种"一对一"的培养方式。"师徒

结对”培养模式下,“师”(企业人员)要经过严格的挑选,一定要具备指导“徒”(职业院校教师)实践的能力,其知识、能力、经验要与“徒”的需求相匹配。这种培养模式在时间上不固定,由“师”和“徒”自行商议,但对学时和内容有基本的要求。“师徒结对”采用“一对一”的指导方式,灵活方便,避免了时间冲突等问题。

五、校企合作培养“双师型”职教师资的保障机制

(一)发挥政府在校企合作培养“双师型”教师中的职能作用

任何关于校企合作培养“双师型”教师的研究都无法回避政府的角色和作用。政府投入的资金、制定的政策、提供的信息服务等都是校企合作的有力保障。然而在市场经济条件下,想要事无巨细地依靠行政命令来推行校企合作显然是不现实的,作为相关的行政部门,能否在其中抓住重点、带动全局,将是体现自身管理能力的关键所在。而在本文看来,当前最需要转变的乃是职业教育校企合作的管理思路,此外,还应特别加强针对校企合作培养“双师型”教师的信息服务。

(二)明确并强化落实企业参与“双师型”教师培养的责任

校企合作培养“双师型”教师离不开企业一方的积极参与,而从有关理论以及发达国家的实践来看,企业的积极参与必然是以其教育主体地位的明确为前提的[7]。

(三)建立推动校企合作培养“双师型”教师的制度体系

建立推动校企合作培养“双师型”教师的制度体系,其目的在于理顺合作培养所涉及的各个主体之间的利益关系,依靠合理的制度引导,为校企合作创造良好的外部环境。如何通过利益驱动提高企业持续参与的积极性,如何引导和推进校企合作的新形式,这些都是需要在制度层面优先考虑的问题。

(四)建立校企合作培养“双师型”教师的经费投入机制

充足的经费投入是职业教育事业发展的根本,当然也是培养“双师型”教师的重要前提。

本文通过分析校企合作培养“双师型”教师问题的提出、基本模式及存在的问题,得出以下结论:“双师型”教师是职业教育界研究的重点问题,成果非常丰富,研究内容也非常广泛;在国家大力推进下,我国在职教师资培养制度建设、经费投入、质量推进等方面取得了喜人的成绩,但是数量不足、发展不均衡、来源单一、兼职教师比例偏低等问题依然存在;我国校企协作培养“双师型”职业师资的模式,是在国家大力推动职业教育师资队伍建设,校企合作广泛开展的背景下产生的。在实践中已形成了一些较为合理的培养模式,这些模式在实践中取得了一定的成绩,但依然存在许多问题。问题的根源是多方面的,其中机制缺失是最根本的原因。为推动校企合作培养“双师型”教师工作的顺利开展,建立和完善校企合作利益机制、运行机制和保障机制势在必行。

参考文献

[1]李平.对高职院校“双师型”教师队伍建设的思考[J].教育教学论坛,2015(44):257-258.
[2]杨建云.民办高校的教师发展问题研究[J].陕西国际商贸学院论坛,2018(2):34.
[3]展海燕.应用型本科院校“双师双能型”教师队伍建设初探[J].陕西国际商贸学院论坛,2017(1):26.
[4]洪娟.企业参与“双师型”教师培养的调研报告——以苏州地区为例[J].职业技术教育,2012(20):61-62.
[5]谢勇旗.职业院校教师专业实践能力的缺失与养成[J].中国高教研究,2012(1).
[6]彭红科.校企共建高职“双师型”教师队伍培养培训体系存在的问题及对策研究[J].南方职业教育学刊,2016(6):31.
[7]李红.“产教融合、校企合作”下的创新应用型人才培养研究[J].陕西国际商贸学院论坛,2012(2):23.

基于校企合作背景下民办高校“双师型”教师的培养

韩小娟
(陕西国际商贸学院　医药学院　陕西西安　712046)

摘要:本文通过对民办高校“双师型”教师队伍的培养现状进行分析,认为民办高校“双师型”教师队伍的培养存在以下问题:①高校“双师型”教师队伍建设过程中存在知识结构、学历层次、年龄结构不合理的现象;②高校教师在向“双师型”教师转型的过程中没有积极性和动力;③企业挂职锻炼监察力度较低,教师缺乏积极性,企业资源共享阻力大。对此提出以下解决方式:①加强校企合作,提高教师的实践能力;②优化民办院校校企结合的培养方式;③优化培养“双师型”教师队伍的外部环境;④建立相应的激励机制。旨在达到优化民办高校“双师型”教师队伍,建设一支高素质的“双师型”教师队伍,为民办高校培养应用型人才服务。

关键词:校企合作;“双师型”教师;民办院校

作者简介:韩小娟,女,陕西西安人,硕士研究生,讲师,研究方向:植物次生代谢

随着高等教育改革的不断深人,民办高校教育教学对我国教育事业的建设作出巨大贡献。教师是教育链条上极其重要的初始环节,只有培养一流的教师队伍,发挥教师在教学环节中的重要作用,才能够保证人才培养的质量。

学生是民办院校赖以生存的基础,教师是培养高质量人才的保障。建立一批“双师型”优秀教师才能保证学生既获取了专业的理论知识又掌握了实践动手能力。因此,如何培养“双师型”教师成为民办院校可持续发展的前提。

一、“双师型”教师的概念界定

“双师型”教师这个概念最早是由国家针对职业院校的教师提出来的,即同时具备教学实践能力和专业实践能力的专任教师才能称为“双师型”教师。目前,“双师型”教师不仅仅是对职业院校教师的要求,更是对民办院校教师的要求。“双师型”教师概念的提出,改变了以前重理论、轻实践,重知识传播、轻实际操作能力的教育培养方式。拥有丰富的实践经历是“双师型”教师的优势所在,将经历转化为经验,再与理论知识相结合,并将其运用到教学当中去,必将会提高学生的学习兴趣,让学生掌握更多的专业知识,便于学生学会灵活运用学到的知识,提高学习效果,将来找工作时也是一大优势。

二、民办高校“双师型”教师发展现状

中华人民共和国教育部的调查数据显示，截止到2017年，我国高等民办学校数量有746所，学校数量逐年增长。专任教师31.61万人，比上年增长4 662人，专任教师队伍也在逐渐壮大；在校学生人数628.45万人，比上年增长12.25万人，学生人数也在逐年扩充。由于学生数量的大幅增长，导致高校毕业生就业问题逐年严峻。追其缘由就是高校培养出来的人才并不是企业想要的人才，而这一切的根源就是来自现有的高等教育结构体系[1]。

2014年2月，国务院总理李克强主持召开国务院常务会议，部署加快发展现代职业教育。会议提出，“引导一批普通本科高校向应用技术型高校转型”[2]。应用技术型高校的任务是培养应用型本科人才。应用型本科人才是在本科专业学科的基本规范的基础之上注重人才的岗位性和职业性要求的本科人才，是通才基础上的专才。要完成这项教育任务就需要建设一支高素质的“双师型”教师队伍，没有“双师型”教师队伍的建设，就培养不出应用型技术人才。所以“双师型”教师队伍的建设是应用型本科院校的基础。

民办院校多为企业老板所建，民办高校的发展定位于培养高级应用型人才来适应市场的发展需求[3]。从民办院校教师队伍构成可看出，青年教师是学院的主力军，承担了主要的教育教学工作，应激励他们向“双师型”教师方向发展。因此开展“双师型”教师队伍建设是民办院校提高教学质量的关键，是时代发展的必须，也是未来教育发展的趋势。

三、民办院校“双师型”教师培养存在的问题

《民办教育促进法》的出台，肯定了民办教育以及民办教师的地位[4]。但是，由于长期受“铁饭碗”思想的影响以及对民办院校存在偏见，很多求职者仍然更愿意选择到公办院校任教。在高校“双师型”教师队伍建设过程中存在知识结构、学历层次、年龄结构不合理的现象。民办高校目前对于人才引进非常重视，加大高学历人才引进，具有高学历和高职称的青年教师成为了民办高校教学的中坚力量，为学校的发展带来了新鲜血液。但与此同时，高学历的师资队伍虽然具有扎实的专业理论知识，但是缺乏实践经验，尤其不具备企业生产实践经验，不具备行业背景或者工程背景，在教学过程中容易出现“重理论、轻实践”的问题，不利于学生实践能力的提升。具备行业经验或企业实践经验的教师又是年龄比较大，而学历层次不高的一批人，对于理论知识的讲解能力有一定欠缺。这导致“双师型”教师队伍建设过程中，存在两种极端现象。

民办高校由于缺少政府的财政支持，所有的经营都要依靠自身来发展和壮大。因此民办院校一般都会充分挖掘校内现有人力、物力等资源潜能，尽可能地去扩大

招生规模,却为节省开支而少量引进教师,造成师生比例严重不协调,教师工作压力过大。对教师而言,日常讲课占据了教师的大部分时间,除此以外还要有大量的备课时间、参加各种会议的时间。如此巨大的教学工作量致使教师没有办法集中精力去做科研、参与实践等相关活动。

民办院校在教师职称评定过程中,重科研、课题、教材编写和获奖情况等,而对于教学质量并没有严格的评定标准和要求,仅是在课时量上有一点限制。而“双师型”教师在职称评定过程中优势不明显,甚至可以忽略不计,这就造成高校教师在向“双师型”教师转型的过程中没有积极性和动力。

另外,虽然很多民办院校每年也会组织年轻教师到企业挂职锻炼,教师的专业实践能力也确实得到了提升,但是也存在一些问题。

(1)监察力度较低。由于企业挂职锻炼大多都是在寒暑假,而寒暑假值班人员有限,导致监察力度降低。因此导致部分教师在挂职期间不按时到企业“上班”,甚至无故旷工。另外还有很多教师自己去寻找挂职单位,自己决定挂职的岗位,对于这类教师,学校不能进行有效的监督检查,最终影响了挂职的效果。

(2)教师不积极,挂职成果不明显。部分教师对待到企业挂职态度不积极,完全是为了完成任务,不能主动利用挂职企业的资源和条件来锻炼自己,不能积极主动地搜集教学案例与科研课题。这样的结果导致挂职锻炼结束后,收获甚微,并且也浪费了和企业合作的机会[5]。

(3)企业不认真配合,资源共享受阻。有的企业由于没有认识到校企合作带来的收益,只是碍于面子,接受教师挂职锻炼。但是内部的很多资源不会与教师进行共享,让教师处于“散养”状态。另外,教师参与企业实践的时间有限,容易打乱企业的生产节奏,企业对于参与“双师型”队伍建设积极性并不高。

四、民办高校校企合作培养“双师型”教师的策略

(一)加强校企合作,提高教师的实践能力

在当今时代,教师需要积极调整自己的定位,向社会所需人才转型。校企合作是重视学习和实践结合、资源和信息共享的一种“双赢”的模式。校企合作为民办高校教育事业带来了新的发展空间。“双师型”教师同时具备了教学能力和工作经验,是不可多得的复合型人才。但目前很多民办高校“双师型”教师队伍较为薄弱。民办院校要想培养自有“双师型”教师队伍,可以选派教师去对口企业进行挂职锻炼,同时与企业之间建立优势互补、互惠互利的平台,促进教师企业挂职锻炼的发展。企业的“优”在于能够接触新的技术,有着深厚的实践经验与广泛的项目来源。教师的“优”在于扎实的专业基础与较强的科研能力。优势互补可以帮助企业将项目转化为科研成果,也可以使得教师的专业技能与实践能力增强。此外,也可以通过让教师去企业挂职锻炼,以了解企业的人才需求和专业发展方向。根

据人才需求和专业发展方向及时更改教学大纲与人才培养方案，并进行相应的教学改革。这也符合民办院校培养“应用型人才”的定位。

（二）优化民办学院校企结合的培养方式

高校“双师型”队伍的建设是一项系统的工程，企业作为其中重要的一环，作用是不容忽视的。企业是高校“双师型”教师培训的主要基地，可以为教师提供各方面的实践指导和帮助，所以，在进行高校“双师型”教师队伍建设的过程中，企业要积极参与其中，与高校建立良好的合作关系。

校企协同发展，获得双赢。民办院校可以利用校企合作方式，实现校企资源共享，帮助双方协同发展和共赢。教师可以将自身专业的理论知识转化为向企业单位提供智慧创意和人力支持的能力，参与到企业相关部门对产品的研究和开发工作中，让企业能够在合作中实现效益的提升。教师通过在企业中的锻炼学习，能够掌握最新的开发技术和研究成果，能够将自身的经历融合到专业的理论教学过程中，把企业的真实案例作为教学中的重要资源和教学案例，打造更符合实际需求的教学课程。此外，校企之间建立服务与合作关系，能够为企业储备人才，提供各种技术研发支持。

（三）优化培养“双师型”教师队伍的外部环境

针对教师工作量大这一问题，可适当根据教育部印发的《关于狠抓新时代全国高等学校本科教育工作会议精神落实的通知》，淘汰一部分“水课”，打造“金课”，不一味关注课程的数量，更要关注课程的质量，让教师上好每一堂课，让每一堂课都成为精品课。尽量优化课程设置，把一些和专业相关度低，内容上相互重复的课程删减掉。这既为教师提供了充足的科研实践时间，又提高了办学效率，节约了办学成本，同时也给学生更加充裕的时间去参与教师的科研项目等[6]。

（四）建立相应的激励机制

只有不断建立和完善配套的激励制度，才能让全体教师队伍有据可依、有章可循，在这方面高校应适当向“双师型”教师倾斜。首先，从薪资待遇上，作为同样职称的两位教师，“双师型”教师的薪资待遇应高于普通教师。其次，在先进评比等方面，“双师型”教师应作为一项重要的评比标准。最后，在职称评定上，同等条件下，要优先推荐“双师型”教师。除了对“双师型”教师有这一系列的激励机制外，还要对主动去企业中实习实践，并最终成为“双师型”教师的人员给予一定的工作便利，如减少一部分去企业实习的教师工作量和课时量，并给予一定的生活补助等。只有完善相应的激励制度[7]，高校教师才能放手去做，才能在繁重的教学任务中激发斗志，从而不断向“双师型”教师队伍靠拢并成为其中的一员。

综上所述，“双师型”教师队伍建设的作用日益凸显，学生的知识水平和实践经验最主要的获得渠道就是教师的讲授。一所高校应具备一支理论功底扎实，科研能力和实践能力突出的“双师型”教师队伍，这是一所学校不断发展的最坚实的基础。

参考文献

[1]刘爽. 民办高校“双师型”教师队伍培养模式研究[J]. 黑龙江科学, 2019(1):46-47.

[2]杨扬, 武鹤, 刘海苹, 王丽荣, 张王乐元. 基于校校、校企合作的“双师型”教师队伍建设的探索与实践[J]. 高等建筑教育, 2014(3):9-12.

[3]夏绘秦, 周维. 论民办本科高校的办学定位[J]. 陕西国际商贸学院论坛, 2018(4):43-47.

[4]程灿. 论民办高校“双师型”教师培养的途径[J]. 重庆电子工程职业学院学报, 2016, 25(1):96-98.

[5]霍达,周鑫,李文静. 论企业挂职在“双师型”教师培养中的实践与探索[J]. 现代交际, 2018(22):184-185.

[6]李国栋, 戴文亭, 宋微, 等. 应用型民办高校中“双师型”教师队伍建设研究[J]. 科技创新导报, 2014(8):110-112.

[7]杨建云. 民办高校的教师发展问题研究[J]. 陕西国际商贸学院论坛, 2018(2):34-36.

校企合作对企业的积极影响

——以陕西国际商贸学院与中维珠宝玉石质量检测中心校企合作为例

安梅[1]，陈智强[2]

（1. 陕西国际商贸学院　陕西西安　712046

2. 中维珠宝玉石质量检测中心　河南南阳　473000）

摘要：校企合作是高等院校与用人单位之间的资源交互共享。通过校企合作能够实现双方的协调发展，从共同发展的需求视角分析，校企合作对企业的积极影响是十分明显的。本文以陕西国际商贸学院与中维珠宝玉石质量检测中心校企合作为例，从企业角度分析了校企合作在技术创新、核心竞争力提升、人力资源储备及经济效益等方面对企业的积极影响，从而印证了通过校企合作能够实现双方的协调发展、共同壮大。

关键词：校企合作；企业；影响

作者简介：安梅，女，山东成武人，工学硕士，讲师，研究方向：珠宝鉴定与优化处理，校企合作；陈智强，男，广东台山人，学士，技师，中维质检集团珠宝检测鉴定中心技术总监，研究方向：珠宝鉴定与优化处理，校企合作

党的十八大报告中特别强调“培养学生社会责任感、创新精神、实践能力”，这为今后我国高等教育人才培养模式深化改革提出了新要求、指明了新方向。地方应用型本科院校的主要任务是培养面向生产、建设、管理、服务第一线的具有扎实基础、较强动手能力、使用面宽的应用型人才。因此，以产学研合作教育为基础，深化应用型人才培养模式的改革，已经成为一种必然的趋势和选择[1]。应用型本科教育要立足服务区域经济和社会发展，要密切联系行业企业，加强校企合作。这就要求应用型本科院校按照教育规律和市场规则，本着建设主体多元化的原则，多渠道、多形式筹措资金，积极探索校企合作的新思路、新模式、新方法。实现双方资源共享，优势互补，互利互惠。中维检验检测认证股份有限公司自 2013 年便与陕西国际商贸学院建立了校企合作关系，并建立实习就业基地，成立企业冠名班，在合作的 6 年里，校企双方不断拓展合作领域，深化合作程度，建立了稳定的合作关系，形成了扎实的合作成果。

一、校企合作的主要模式

1）人才培养

为加深企业在校内教学中的参与度，使学生培养更贴合企业及社会发展需求，

首先采用了校企双方共同制定人才培养方案,企业在学校制定人才培养方案时便参与并给予一定指导意见,从而使人才培养方案对于学生来说更具实用性;进一步在企业建立学校的校外实习基地,同时学校成为企业校内人才培养基地,使校企双方人才培养场所及模式得到拓展;另外,学校为企业提供对毕业生招聘优先选择权,可根据需求在新生班级中每年设立一个"中维质检班",以助于企业人才培养和贮备。

2)师资共享

为促进校企双方专业技能水平的提高,通过互聘教授或讲师的方式开展专业学术讲座,企业特聘讲师或教授每年至少两次在全校展开珠宝专业学术讲座,以及时更新教师的专业知识,同时为学生提供企业需要的专业知识;校内讲师及教授根据企业需求展开符合企业需求的讲座,以提升企业员工的专业素养,同时也为企业员工进行系统的专业知识培养。

3)校企合作,成立培训中心

校企双方共同合作成立珠宝培训中心,面向校外进行珠宝玉石首饰质检师等职业技能的资格考试和培训。旨在通过培训中心的成立,将校企以共同开展培训的模式将其各自优势加以利用,在展开培训过程当中,提升了教师专业水平的同时,为企业创造经济效益,更为企业拓展了社会影响力。

4)互设培训点

为使企业所需储备人才能够适应行业乃至社会发展需要,推动企业的鉴定、业务推广、管理等各类业务水平不断提升,学校针对企业需求在校内设立培训点,为企业员工提供鉴定、业务推广、管理等方面的专业技能及学历水平提升的培训。同时企业成为长期的校内教师挂职锻炼场所,为校内教师挂职锻炼期间提供企业业务锻炼机会及业务提升协助。

5)校企共办科技竞赛

为促进学校专业发展,为企业提供高质量人才,本着以赛促教,以赛促学的目的,经双方协商,共同举办多届校级大型专业技能比赛"中维杯"鉴定大赛,同时以赞助商形式共同举办陕西省高等职业院校技能大赛,在为企业创造了较大社会影响力、选拔出专业技能极强的储备力量的同时,大大促进了学生专业水平的快速提升。

6)共建实验室,共享资源

在校企合作发展过程中,随着学校珠宝专业发展,为了完善专业鉴定实验室,为学生提供熟悉珠宝鉴定师业务的场所,开始筹办了一间与校外珠宝玉石鉴定中心一样标准的实验室——珠宝首饰质量检测中心。该企业目前在全国珠宝检测领域发展迅速,在全国各地均拥有珠宝鉴定实验室,拥有者具有既专业又成熟的珠宝玉石鉴定中心的建设经验和基础。因此为完善该实验室建设,加大实验室利用率,在为校内学生提供授课环境及条件的同时，也成为企业员工进修培训场所。经双方协商，将实验室珠宝首饰质量检测中心建设为校企共建实验室。

7）共同开展科学研究，提升专业技能

陕西国际商贸学院珠宝学院为扩大对外联系，服务企业，促进地方经济建设，提高教师科研水平，与企业共同建设了一项长期分阶段展开的横向课题并签订了"校企共研课题合作协议书"及"校企共研课题合作协议书合同补充协议——校企共研课题第一期课题"。横向课题第一阶段研究课题是鉴于现代珠宝玉石处理手法日新月异、层出不穷，双方通过合作发挥各自优势共同成立科研项目组对市场上出现的优化处理新方法进行科学研究，从而找出其成因和鉴定方法，并将研究结果进行行业分享，推动行业发展。

8）校企宣传设立企业宣传点

校企双方为推动珠宝专业教育及珠宝文化的发展，双方共同承担对彼此宣传的义务。企业在全国各个实验室所在地为学校定期设立招生咨询点，为学校的招生提供低成本的服务；同时，校方在校企合作活动及人才招聘活动前期进行企业宣传，为企业提供更多校企合作的机会，也为提高企业影响力作出了贡献。

二、校企合作的主要收获

以下从企业的角度，以陕西国际商贸学院与中维珠宝玉石质量检测中心校企合作为例，简单分析校企合作对企业的影响，主要表现在以下几个方面。

（1）有利于企业技术创新。

从我国当前的实际情况来看，高等院校以及科研机构每年都有大量的新成就、新技术推出，但是这些科研成果往往要经过较长时间才能转化为经济效益，其主要原因是企业和学校、科研机构联系不紧密，合作较少，双方互不了解，使得技术推广难度大。随着现在社会竞争的加强，企业要发展，要提高经济效益，就要缩短技术创新的时间，降低成本，提高效率。开展技术创新和产品改革已经成为企业维持和获取竞争优势的重要手段。单纯依靠企业自身积累远远不能满足社会快速发展的需要，因此，通过相互间合作研发新技术、开发新产品已经成为我国企业提升竞争力的重要战略选择[2]。

校企合作能够比较好地解决这个问题。校企合作，从技术层面看，学校有技术力量但是经费不足；企业经费充足，但是技术欠缺。双方合作，实现了优势互补，资源共享。校企合作首先能够缩短技术研发的周期，快速将新技术、新成果推向市场，有效降低企业在技术研究方面的经济投入，增强竞争力，提高经济效益。校企合作也可以提高创新效率，在双方合作的过程中，可以实现资源的合理优化，能够最大程度地发挥双方的优势，避免各自的劣势，实现早出成果，多出成果[3]。另外，校企合作，能够有效降低风险，实现风险分担。一般来说，技术创新是有风险的,在技术研发的过程中,难免会遇到一些不可避免的困难如经费不足,内容庞杂、周期延长等,而双方合作,各自降低成本,分散风险,对于合作双方来说,都是利大于弊的[4]。

中维珠宝玉石质量检测中心与陕西国际商贸学院目前在科研项目方面进行了合作,已经完成了第一阶段课题《校企共研课题合作协议书合同补充协议——校企共研课题第一期课题》的研究,目前形成了三篇具有说服力数据的研究论文,并将三篇论文投稿于国内珠宝领域最具影响力的学术期刊《宝石和宝石学》。此项研究成果加深了企业目前的专业研究深度,拓展了企业技术研发人员的思路,改善了企业提升专业水平的条件,拓展了企业社会影响力,推动了企业技术成果的建立及企业技术更新,实现了企业专业水平的提升及社会影响力的扩大。

(2)有利于企业核心竞争力的提升。

企业竞争力,概括来说,主要指一个企业能够比其他企业更有效地向市场提供产品和服务,并获得赢利和自身发展的综合素质。它的核心层次包括企业文化、企业形象、创新能力、企业特色、全球化发展目标等。一个企业核心竞争力的提高,涉及方方面面,但是不可否认的是人力资源是最具有决定作用的因素。随着经济的发展,有几类人才是社会十分需要的,即管理人才、研发人才、营销人才,而学校正好有人才资源这个巨大的优势可以提供。通过校企合作,学校可以急企业所急,为其提供充足的人力资源,或者针对企业的实际情况,调整办学思路和专业设置,培养社会急需人才,提高学校的知名度和学生的就业率。企业可以通过"量身订做"的形式优先从学校得到需要的人才,可以输送员工到学校进行再培训,甚至通过合作的形式通过学校培养自己需要的专门人才。有了人力资源,企业的核心竞争能力得到提升,未来在社会竞争中才能立于不败之地。

陕西国际商贸学院珠宝学院从 2013 年与中维质检合作开始便不断寻求合作优化模式与方法,并不断调整合作方向,拓展新的合作模式。合作初期,企业通过"中维质检班"自学生入校开始便进行企业文化素养渗透,通过第一课堂中相关知识的引导及第二课堂各类校企活动的开展,为企业培养"量身订做"人才。企业反馈信息中显示,第一批冠名班毕业生进入企业后,为企业带来了新的血液,使当年的年收益比前一年增长了 15%。当年为企业策划各类业务推广活动近 10 场,为企业增添了新的活力,提高了企业在各地行业内的影响力。

2017 年企业拓展专业培训业务时,陕西国际商贸学院毕业生迅速成为了得力管理人才,并作为培训部主管领导带领 5 名员工在一年内将专业培训业务,快速扩大到全国各地近十个地区,大大提升了企业的影响力,也为企业创造了不菲的经济效益。

目前企业还通过横向课题合作研究促进了研发人才的成长,同时借助校内教师科研力量为企业增加研发团队。从而提升了企业的核心竞争力。

(3)对企业人力资源储备具有积极的影响。

近几年来,中国逐渐进入老龄化社会,人才缺乏问题开始显现。一方面“有业无人,有人无业”“有单不敢接,有钱不敢赚”现象不仅限制了企业的发展,也影响了社会的进步;另一方面市场却在逐步扩大,企业仍需发展。现在,行业企业普遍认识到人力资源的竞争已逐渐超过物质资源、金融资源的竞争而成为企业竞争的核心资源。只有拥有高素质的人才,才能打造一流的企业,企业间的竞争,归根结底是人才的竞争。对于一个企业来说,人才储备不足,从小的方面看,没有大量工作在一线的蓝领员工,生产就无法开展,生产计划不能完成,轻则会减慢企业发展速度,重则企业可能被竞争对手打败。因此,企业竞争力的提升以及绩效的改进,要求企业增加投入、引进各类人才。人力资源的发展是企业持续发展的根本,企业只有始终以人才作为发展的根本,才能打造一流的企业[5]。从人才培养的实际情况来看,2010 年以来,我国每年有约六百万毕业生走出高校,进入社会,大学生找工作是社会共同关注的一大难题。而企业往往招聘不到适合自己的员工。将数目庞大的毕业生转化为适合企业需要的员工,纳入企业人才储备体系是解决这一问题的有效途径。

中维珠宝玉石质量检测中心自与商贸学院合作以来,较好地解决了这个企业常见问题。商贸学院从 2013 年至今连续六年为中维珠宝玉石质量检测中心输送了企业急需的珠宝鉴定、营销、管理、培训类人才,目前占企业员工 50% 以上,并且在工作一年后均已成为企业中层管理者,其中有两名毕业生已成为企业中高层,为企业的发展起到了关键的作用。2013 年至今,企业不断在发展,拓展新的业务,每一次新业务的开拓,都是企业储备的这批人才成为新业务的担当者和开拓者。如 2017 年培训业务,2018 年国外业务拓展案例都是在这批毕业生的努力下获得的丰硕成果,这些均展示了储备人才的积极作用。

(4)提升企业经济效益。

从现实来看,企业发展的动力源泉是经济效益,企业只有赢利,才能发展。而影响经济效益的因素是多方面的,包括产品、成本、资金、技术、人才等。在具体的生产过程中,企业往往会遇到技术、人员等方面的难题,如果仅仅依靠自己,解决问题有一定难度或者周期过长,影响企业的绩效,这就需要和高等院校进行合作来解决自己的实际困难。

从学校来说,它可以为企业提供具有一定知识技能的实习生,从而降低企业成本,学生通过长时间的在校学习,一般都掌握有一定的枝术,学生到企业实习,既可以锻炼自己,也可以发挥技术优势,帮助企业提高利润。校企合作,学校还可以为企业提供较强的师资队伍,老师通过带队实习,检查指导等形式,参与企业生产,能够帮助企业解决技术难题。技术、人员两个难题的解决,自然会带动经济效益的提升。

中维珠宝玉石质量检测中心目前以实习基地为基础,采用近十种校企合作模式,在校企双赢的前提下,在保证学生实习内容、实习目的、实习要求的基础上,最大程度地保证及提升了企业的经济效益。经过多年统计数据也显示,在校方一直以来的实习人才供求上,企业不断获得经济效益的提升。

校企合作,对学校来说,实现了工学结合,使学校能够为社会提供优秀的毕业生,同时自己的技术得到社会认可,学校能够发展壮大。从企业来说,校企合作,能够使企业得到比较优秀的人才、先进的技术,从而使自己在激烈的市场竞争中处于不败之地。校企合作对企业的积极影响是显而易见的。

参考文献

[1]潘建华. 我国职业教育校企合作的有效性研究[D]. 上海:上海师范大学,2017.

[2]李晓歌. 校企合作信任对企业创新绩效的影响研究[D]. 西安:西北工业大学,2015.

[3]安瑞朝. 浅谈校企合作对企业的积极影响[J]. 中国科教创新导刊, 2012(26):140 - 140.

[4]徐小英. 校企合作教育对技能型人才创造力的影响研究[D]. 武汉:武汉大学,2011.

[5]张弛. 基于企业视角的高技能人才职业能力培养研究[D]. 天津:天津大学,2014.